A LIBERDADE DOS ANTIGOS
COMPARADA À DOS MODERNOS

O livro é a porta que se abre para a realização do homem.

Jair Lot Vieira

BENJAMIN CONSTANT

A liberdade dos antigos comparada à dos modernos

Discurso pronunciado no Ateneu Real de Paris em 1819

Prefácio
CHRISTIAN JECOV SCHALLENMÜLLER
Foi professor substituto de Teoria Política do Departamento
de Ciência Política da Universidade de São Paulo
(DCP-USP), é pós-doutorando em Relações Internacionais
pela mesma universidade (IRI-USP) e bolsista da Fapesp

Tradução
LEANDRO CARDOSO MARQUES DA SILVA
Bacharel em Filosofia e mestre em Filosofia Francesa
Contemporânea pela Universidade de São Paulo

Copyright da tradução e desta edição © 2019 by Edipro Edições Profissionais Ltda.

De la liberté des anciens comparée à celle des modernes é um discurso proferido por Benjamin Constant no Ateneu Real de Paris em 1819. Foi traduzido com base no livro *Benjamin Constant: Écrits politiques*, organizado por Marcel Gauchet, publicado na França pela Éditions Gallimard em 2010.

Todos os direitos reservados. Nenhuma parte deste livro poderá ser reproduzida ou transmitida de qualquer forma ou por quaisquer meios, eletrônicos ou mecânicos, incluindo fotocópia, gravação ou qualquer sistema de armazenamento e recuperação de informações, sem permissão por escrito do editor.

Grafia conforme o novo Acordo Ortográfico da Língua Portuguesa.

1ª edição, 2019.

Editores: Jair Lot Vieira e Maíra Lot Vieira Micales
Coordenação editorial: Fernanda Godoy Tarcinalli
Produção editorial: Carla Bitelli
Edição de texto: Marta Almeida de Sá
Assistente editorial: Thiago Santos
Capa: Studio DelRey
Preparação: Thiago de Christo
Revisão: Tatiana Yumi Tanaka Dohe
Editoração eletrônica: Estúdio Design do Livro

Dados Internacionais de Catalogação na Publicação (CIP)
(Câmara Brasileira do Livro, SP, Brasil)

Constant, Benjamin, 1767-1830.

A liberdade dos antigos comparada à dos modernos : discurso pronunciado no Ateneu Real de Paris em 1819 / Benjamin Constant ; prefácio Christian Jecov Schallenmüller ; tradução Leandro Cardoso Marques da Silva. – São Paulo : Edipro, 2019.

Título original: De la liberté des anciens comparée à celle des modernes.

Bibliografia.
ISBN 978-85-521-0078-2 (impresso)
ISBN 978-85-521-0079-9 (e-pub)

1. Indivíduo e sociedade 2. Liberalismo - Filosofia 3. Liberdade - História I. Schallenmüller, Christian Jecov. II. Título.

19-26763   CDD-323.44
                                                                                        123.5

Índice para catálogo sistemático:
1. Liberdade : Ciência política 323.44
2. Liberdade : Filosofia 123.5

Maria Paula C. Riyuzo - Bibliotecária - CRB-8/7639

São Paulo: (11) 3107-4788 • Bauru: (14) 3234-4121
www.edipro.com.br • edipro@edipro.com.br
@editoraedipro   @editoraedipro

Prefácio

Por que voltar a estudar um texto de meados do século XIX? Esta é uma pergunta que hoje, diante da velocidade da produção de informações (e desinformações) e também da multiplicação de intérpretes "instantâneos" da realidade política e social, muitos podem se fazer. Afinal, se o mundo mudou tanto de lá para cá e se temos acesso a tantos vídeos de estrelas das redes sociais que nos resumem em poucos minutos sedutores o que é, o que não é e o que deveria ser a política, a economia e a sociedade, por que voltar-se à leitura de um texto tão "antigo"?

Benjamin Constant é um dos mais importantes autores do que viria a ser reconhecido pouco depois como o "liberalismo político". E especialmente o ensaio que vem a seguir foi e continua a ser muito influente, constituindo-se até hoje como uma espécie de panfleto ou "manifesto" do liberalismo político no mundo. Isso ocorre em parte justamente por se tratar de um texto preparado para ser lido, e que, portanto, conta com uma fluidez maior, mas em parte também porque, à revelia de se tratar de um ensaio curto e em forma de discurso oral, ele consegue condensar alguns dos fundamentos políticos e "sociológicos" do liberalismo.

Este pequeno prefácio traça, em primeiro lugar, algumas considerações sobre o que chamamos aqui de uma razão de fundo "estrutural" e outra razão de fundo "conjuntural" acerca da importância de se voltar ao estudo das raízes do pensamento liberal, do qual Benjamin Constant e seu ensaio aqui publicado são algumas de suas expressões mais destacadas. Em seguida, nos debruçamos sobre alguns aspectos relevantes da vida e da obra de Constant. E, por fim, este prefácio conta ainda com algumas considerações acerca do próprio ensaio *A liberdade dos antigos comparada à dos modernos*.

Todo o século XIX viu nascer e se desenvolver de forma bastante abrangente a variada literatura do que se convencionaria chamar mais tarde de "liberalismo". A vertente "econômica" do liberalismo teria como seus precursores alguns dos mais importantes autores da chamada "economia clássica", como Adam Smith e David Ricardo, ainda no século XVIII. Já a sua vertente "política" contava com uma série de precursores, dos séculos XVII e XVIII, que na verdade pertenciam a diferentes tradições da filosofia política, tais como John Locke, Montesquieu e até mesmo Thomas Hobbes em muitos aspectos.

Mas é apenas no século XIX que de fato o liberalismo ganharia corpo como uma corrente da teoria política que finalmente, inclusive, passaria a se reconhecer por esse nome. Benjamin Constant, escritor muito profícuo entre o fim do século XVIII e o início do XIX, foi certamente um dos maiores responsáveis pela consolidação dessa corrente, ainda que o nome "liberalismo", usado para agregar aquilo que já vinha se constituindo como uma corrente política, tenha se consagrado apenas um pouco depois da sua produção teórica e literária.

Durante todo o século XIX, o liberalismo seria o correlato no "espírito" daquilo que o avanço das revoluções industriais, da divisão do trabalho, do desenvolvimento urbano, do neocolonialismo europeu e da disseminação do governo representativo foram em "matéria". Assim como essa matéria, o próprio liberalismo, no aspecto político e econômico, também floresceu, contou com vários autores de destaque, fomentou ricos debates e ganhou adeptos – especialmente das elites políticas – em toda parte no Ocidente. No que diz respeito ao liberalismo econômico, não é possível contar a história do capitalismo concorrencial e industrial sem ele; e no que se refere ao liberalismo político, não é possível contar a história da alçada do sistema representativo à forma de governo na modernidade igualmente sem ele.

Essa vitalidade também se fez notar no Brasil durante todo o período imperial, desde a dicotomia do sistema partidário no período, dividido entre o Partido Liberal (em geral de oposição) e o Partido Conservador (em geral mais ligado à coroa), passando por momentos de vitória institucional dos liberais, como o Ato Adicional de 1834, até a formação de um certo pensamento político brasileiro que se reconhecia ou que pelo menos adotava algumas das bandeiras liberais mais caras, reconhecíveis em nomes como Tavares Bastos ou até mesmo, em alguns aspectos, Joaquim Nabuco.

Benjamin Constant, aliás, foi muito lido e citado na época da fundação do Estado brasileiro, e especialmente a propósito da elaboração da primeira Constituição do país, a de 1824. O Poder Moderador, uma inovação constitucional brasileira, claramente se inspirava na ideia de "poder neutro" ou "poder real" de Constant, mas com a diferença de que, para o nosso autor, esse quarto poder não poderia jamais coincidir com o próprio Executivo, como aconteceria no Império brasileiro.[1] Seja como for, é fato que Benjamin Constant, principalmente por meio de uma das suas obras mais influentes, *Princípios de política*, foi uma das principais referências da teoria política no debate em torno da primeira Constituição do Brasil.[2]

---

1. Sobre o Poder Moderador na Constituição do Império e sua relação com o poder neutro ou real proposto por Benjamin Constant, confira, por exemplo, Christian Edward Cyril Lynch, "O Poder Moderador na Constituição de 1824 e no anteprojeto Borges de Medeiros de 1933: um estudo de direito comparado". *Revista de Informação Legislativa*, Brasília, n. 188, out./dez. 2010.
2. Benjamin Constant, *Princípios de política*. In: Célia Nunes Galvão Quirino (org.). *Escritos de Política: Benjamin Constant*. São Paulo, Martins Fontes, 2005.

Essa vitalidade do pensamento liberal no Ocidente se estendeu pelo menos até o final da década de 1920, quando a quebra da Bolsa de Valores de Nova York e a maior crise experimentada pelo capitalismo mundial até então foram atribuídas a uma das pedras de toque da sua vertente econômica clássica, que era justamente a maior desregulamentação possível das atividades econômicas para o sucesso do desenvolvimento das nações. Na política, igualmente a partir de meados do século xx, o liberalismo também já se espremia em meio à ascensão de outras correntes — o socialismo real e o fascismo — que ganhavam a liderança de governos e até passavam a redesenhar a forma de muitos Estados.

Mesmo entre os países capitalistas que mantinham uma forma de governo democrática, o liberalismo, a partir de então, passaria a perder espaço para teorias que pregavam maior intervenção do Estado na economia e na condição social dos cidadãos. Abria-se caminho para o nascimento e a consolidação do que a literatura passaria a chamar de capitalismo de Estado, em seu lado econômico, ou social-democracia, na sua forma de organização política e social.

No pós-guerra, à medida que as experiências totalitárias do stalinismo e do nazifascismo passaram a ser associadas a uma tamanha hipertrofia do Estado e da esfera pública que anularia a esfera privada e qualquer tipo de liberdade — mesmo as liberdades individuais mais íntimas, como a de pensamento —, o liberalismo, ao menos em sua vertente política, voltou a ganhar força na produção acadêmica na Europa e nos Estados Unidos. Mas a vertente econômica do liberalismo continuaria em segundo plano pelo menos até meados da década de 1970, quando a crise do petróleo e o hiperdimensionamento das contas públicas de vários Estados capitalistas levaram ao começo de um movimento que algumas décadas mais tarde conduziria a uma quebra de paradigma do capitalismo de Estado e do Estado de bem-estar social em direção ao que a literatura passaria a nomear como "neoliberalismo" (econômico), cujos parâmetros essenciais seriam afinal delineados pelo chamado "consenso de Washington", um conjunto de medidas proposto em 1989 por economistas de instituições financeiras sediadas na capital americana.[3]

É o mesmo ano, aliás, do chamado Outono das Nações, uma série de revoluções populares e reformas institucionais que davam a largada para a definitiva derrocada do socialismo real na Alemanha Oriental, no Leste Europeu e em toda a União Soviética. Com a vitória da democracia liberal sobre o socialismo real e do "neoliberalismo" (ao menos simbolicamente naquele momento) sobre o capitalismo de Estado, o final do século XX via triunfarem juntas novamente as duas vertentes

---

3. Para uma reconstrução cuidadosa de aspectos importantes desse caminho histórico traçado aqui, confira Eric John Ernest Hobsbawm, *A era dos extremos: o breve século XX (1914-1991)*. Trad. Marcos Santarrita. São Paulo, Companhia das Letras, 1995.

do liberalismo (a política e a econômica), ainda que com importantes modificações desde a sua origem.

Não por acaso, 1989 é também o mesmo ano da publicação da primeira edição do famoso livro de Francis Fukuyama, *O fim da história e o último homem*.[4] Nesse livro, recuperando a ideia de teleologia da história — um argumento caro a uma parte importante da filosofia moderna (especialmente a alemã) —, Fukuyama traça uma certa narrativa sobre a história da filosofia, de Platão a Nietzsche, passando por Kant e Hegel, para sustentar a hipótese de que o capitalismo e a democracia liberal seriam, afinal, o *télos* da aventura humana. Em sua perspectiva, depois da derrota do fascismo e do socialismo real, a humanidade teria alcançado o ápice da sua evolução política com a vitória da democracia liberal sobre todos os demais sistemas e ideologias concorrentes.

Os outros sistemas políticos e econômicos remanescentes (ou mesmo que pudessem reaparecer eventualmente) seriam apenas resíduos do socialismo real, do fascismo, do nacionalismo ou do fundamentalismo religioso, mas sem constituir de fato "projetos" efetivamente alternativos para a teoria política em termos de forma desejável para a emancipação humana e para a organização da vida social. Enfim, basicamente, sobretudo

---

4. Francis Fukuyama, *O fim da história e o último homem*. Trad. Aulyde Soares Rodrigues. Rio de Janeiro, Rocco, 1992.

diante da derrocada do socialismo real, Fukuyama entende que a democracia liberal acabou por se constituir como a forma final que a humanidade teria encontrado para o seu governo.

De lá para cá, com o virtual fim do horizonte revolucionário socialista ou comunista, a possibilidade de se imaginar uma forma de organização política e social estruturalmente diferente daquela desenhada pela teoria da democracia liberal e pelo constitucionalismo contemporâneo ficou pelo menos em suspenso. Claro que ainda existem debates acalorados sobre o grau de intervenção do Estado na economia, sobre o grau de responsabilidade do mesmo Estado na garantia do bem-estar social dos cidadãos e também sobre o grau de liberdade individual em relação aos interesses públicos mais caros de cada país.

Sobre esse aspecto, aliás, hoje seria mais acurado dizer que a maioria das Constituições e dos modelos de políticas públicas de boa parte do mundo democrático estabelece algum nível de arranjo entre os paradigmas da democracia liberal e da social-democracia.[5] De todo modo, a verdade é que, pelo menos como estrutura do sistema político e arranjo constitucional da forma de

---

5. Sobre esse ponto, ver, por exemplo, Gosta Esping-Andersen, As três economias políticas do Welfare State. *Lua Nova*, São Paulo, n. 24, 1991, e Stephan Haggard e Robert Kaufman, *Development, democracy and Welfare States: Latin America, East Asia and Eastern Europe*. Princeton and Oxford, Princeton University Press, 2008.

Estado, a democracia liberal e o governo representativo de fato continuam a ser o horizonte normativo hegemônico na teoria política e nas Constituições democráticas.

As investidas atuais da teoria política não são propriamente para a sua superação, senão para o seu aperfeiçoamento. Governos democráticos continuam a cair, ditaduras e regimes autoritários ainda podem emergir por toda parte; mas em termos de forma de organização política desejável, isto é, em termos de teoria política, a democracia liberal (ainda que com as múltiplas variações que pode assumir) continua a delinear o "dever ser" da política, ao menos conceitualmente.

Se é assim, se ainda vivemos uma época em que — talvez não tanto em sua vertente econômica, mas certamente em sua vertente política — estamos diante de uma espécie de hegemonia ou "fim da história" em torno do liberalismo, não é possível exagerar a importância de se compreender as suas raízes históricas. Essas raízes deitaram as bases de muitos dos conceitos fundamentais que, com algumas diferenças, até hoje dão os contornos do significado dessa corrente filosófica. Por sua vez, Benjamin Constant é um dos autores mais importantes dessa tradição. E, de forma ainda mais destacada, o ensaio *A liberdade dos antigos comparada à dos modernos* é um dos textos que calaram mais fundo na formação de uma autocompreensão que os próprios liberais passariam a ter do liberalismo. Essa é certamente uma razão de fundo estrutural para se (voltar a) estudar esta obra.

Porém, atualmente, há também uma razão adicional, de fundo conjuntural, que ainda valeria a pena mencionar. Refiro-me aqui à emergência — em alguns países, mas particularmente no Brasil — de grupos que reivindicam a tradição liberal, mas que o fazem de uma forma no mínimo bastante *sui generis*, para não dizer mesmo incorreta. Alguns desses grupos alcançaram protagonismo nas últimas reviravoltas na democracia brasileira, tendo desempenhado, inclusive, um papel decisivo na alçada ao poder de governos, em realidade, francamente conservadores e com importantes características explicitamente autoritárias.

Resumidamente, essa forma de apropriação do liberalismo está ligada ao fato de esses grupos absorverem apenas a sua vertente econômica atualizada (neo), negligenciando — embora também a reivindiquem — a vertente política do liberalismo. Sem entender que o liberalismo em sua origem se reconhecia como herdeiro das revoluções burguesas do final do século XVIII, inclusive a francesa, esses grupos colocam-no como se ele fosse avesso à ideia de soberania popular e a substituem por uma espécie de "soberania do indivíduo" ou do individualismo. O Estado (e tudo o que é público ou comunitário) é visto, na melhor das hipóteses, como uma espécie de mal necessário que precisa ser coibido ou reduzido ao seu mínimo. Ao adotar um discurso que reaviva os piores momentos da propaganda ideológica capitalista durante a Guerra Fria, algumas das lideranças políticas desses grupos se aproximam mais do discurso de autores contrarrevolucionários dos séculos XVIII e XIX, como Louis de Bonald e Joseph de Maistre, do que de autores que deram corpo e densidade filosófica ao liberalismo francês, como o próprio Benjamin Constant, François Guizot e Alexis de Tocqueville.

Na verdade, esses autores entendiam que a atomização dos indivíduos não seria vantajosa para a experiência da liberdade de cada um, e que do individualismo desregrado não surgiria também uma coordenação ou uma lógica natural e espontânea para a vida social. Em sua perspectiva, o individualismo e o afastamento da vida pública e da política abririam espaço para a possibilidade de um governo se constituir de forma autoritária. Indivíduos isolados e tomados pelo medo e pela desconfiança mútua seriam o substrato ideal para o apelo de um poder supremo que, com punhos de ferro, ergueria um regime autocrático e paternalista, o oposto do ideal de liberdade dos pensadores liberais.[6]

Com efeito, o liberalismo não é avesso à ideia de soberania popular. Pelo contrário, ele a chancela como um dos princípios primordiais da teoria política. Além disso, autores como o próprio Benjamin Constant e Alexis de Tocqueville identificavam a "igualdade de condições" como a marcha dos acontecimentos da

---

6. Sobre as raízes do liberalismo, ver Harold Joseph Laski, *O liberalismo europeu*. Trad. Álvaro Cabral. São Paulo, Mestre Jou, 1973.

história, à qual, antes de resistir, seria preciso aderir. Isto é, a ideia de igualdade também é cara às raízes ideológicas do liberalismo. Constant, opositor tanto dos Bourbons quanto de Napoleão na França, era defensor do regime republicano e da ideia de soberania como vontade geral. Ele só articulou propostas para a monarquia francesa depois da Restauração por conta de seu realismo político, e para dar os contornos de uma verdadeira monarquia constitucional (limitada) ao novo regime ("restaurado") dos Bourbons. O seu objetivo era tanto limitar o poder da autoridade política quanto dar realidade efetiva — o quanto fosse possível — à ideia de soberania popular em uma monarquia constitucional restaurada.[7]

É verdade que uma das maiores contribuições do liberalismo ao republicanismo moderno foi justamente a ideia de limitação da soberania, mesmo quando ela esteve calcada no poder popular. Mas, enfim, trata-se de uma contenção e não de uma negação do poder popular. Por isso que, como já ressaltado acima, o liberalismo se erguia, em suas raízes, como uma espécie de continuação e aperfeiçoamento tanto do legado das revoluções burguesas quanto do republicanismo moderno. Algo parecido ocorre com a relação entre a liberdade

---

[7]. Um dos livros da literatura secundária mais consistentes sobre a vida e a obra de Constant é Biancamaria Fontana, *Benjamin Constant and the post-revolutionary mind*. New Haven and London, Yale University Press, 1991.

individual e a vida pública ou uma consciência política comunitária. A preocupação dos autores liberais franceses de assegurar a liberdade individual em relação aos poderes do Estado não significa que defendam uma autonomia individual desconectada do restante da sociedade ou mesmo alheia à vida pública. O alheamento da vida pública e a preocupação quase exclusiva com os interesses particulares são alguns dos maiores perigos para a perda da própria liberdade. Afinal, apenas um governo que, além dos mecanismos de contenção do poder, também conta com cidadãos politicamente bem instruídos e atentos pode ser colocado a salvo de sua própria degeneração em despotismo.

O nosso autor, Benjamin Constant, nasceu em 1767, em Lausanne, na Suíça, e morreu em Paris, em 1830, ano da Revolução de Julho, conhecida também como a Segunda Revolução Francesa. Ele descendia de uma família de origem francesa que havia se refugiado na Suíça em função das perseguições religiosas que sofrera em solo francês. Durante toda a sua vida, Constant se bateria pelo reconhecimento de sua cidadania francesa, algo, inclusive, que em diferentes ocasiões seria motivo para seus adversários se valerem de uma desqualificação *ad hominem* do nosso autor para atingir seus atos e suas palavras na arena pública. Tendo vivido em diversos países europeus durante a sua juventude – entre eles a Alemanha, a Suíça, a Inglaterra, a Escócia e a própria França –, Constant acabou por absorver uma formação relativamente eclética (dentro do contexto europeu).

Ele se estabeleceria definitivamente em Paris apenas em 1816, logo depois da Restauração (da monarquia francesa) e junto a sua então companheira Madame de Staël. Na Cidade Luz, o nosso autor moraria os últimos 14 anos de sua vida. Depois de algumas tentativas, Constant conseguiu se eleger para a Câmara dos Deputados na França em 1819 (mesmo ano do ensaio aqui publicado) e se tornou um dos líderes do Partido Liberal. Na qualidade de opositor do novo regime dos Bourbons, Constant se engajou na publicação de artigos e panfletos em jornais e revistas, além de realizar conferências e palestras em defesa das liberdades civis.

Da sua experiência anterior em solo britânico, o nosso autor absorvera uma forte influência do Iluminismo escocês, tendo na época se envolvido, inclusive, nos embates entre o empirismo e o racionalismo. É nesse período também que Constant passou a aderir às críticas ao jusnaturalismo (ainda bastante influente pelo menos até o final do século XVIII) e se aproximou do liberalismo de Adam Smith, do empirismo de David Hume e do utilitarismo de Jeremy Bentham. O historicismo e as teorias evolucionistas que começaram a surgir na época tanto em solo britânico quanto alemão também exerceriam a sua cota de influência sobre a forma de nosso autor de enxergar o mundo. Embora Constant preferisse a república à monarquia, é notório em sua obra que não só a filosofia, mas também a realidade política e social do Reino Unido, calou fundo em sua formação intelectual.

A visão de uma estrutura política com instituições sólidas e uma soberania limitada na Inglaterra sugeria que essas provavelmente seriam algumas das bases do desenvolvimento de uma sociedade estável e econômica e intelectualmente rica. Em seus textos, Constant quase sempre se reporta ao sistema político inglês de forma positiva. Uma de suas obras mais importantes, a já citada *Princípios de política*, é uma análise crítica desse sistema. Enfim, embora com suas imperfeições, o sistema inglês seria, na prática, o que haveria de mais próximo daquilo que poderia ser condensado como os princípios mais relevantes da vida política e social.[8] Suas maiores preocupações diziam respeito a como edificar um governo que, ao mesmo tempo que se baseasse na soberania popular, tivesse o seu poder limitado e garantisse os direitos e liberdades dos indivíduos entre si e dos indivíduos em contraposição ao próprio Estado.

Antes da sua mudança definitiva para Paris, Constant morou na Cidade Luz entre 1795 e o início do século XIX. Ele se mudou para Paris para se unir a Madame de Staël, que foi sua companheira de vida por

---

8. Na qualidade de leitor respeitoso e atento de Montesquieu, Constant também teria em vista a realidade política e social francesa sob o prisma do sistema político inglês.

alguns anos e parceira intelectual. Ambos foram entusiastas do Diretório inaugurado com a Constituição de 1795 e da nova República francesa. Leitores dedicados de Jean-Jacques Rousseau, admiravam-no por ele procurar encontrar um caminho para articular a sua concepção forte de autonomia individual e de soberania popular com a necessidade incontornável da representação nas sociedades modernas. Nessa época também, Constant se juntou ao famoso grupo de Coppet, organizado por Madame de Staël, e que contava com intelectuais que tinham formações e inclinações políticas diversas.[9] A unidade do grupo girava em torno de sua afinidade liberal e de seu gosto por literatura, filosofia e política. É nesse ambiente, formado pelo grupo, que Constant vai escrever as suas obras entre o final do século XVIII e o início do XIX.

Dois anos depois de sua mudança para Paris, em 1797, já no período do Consulado, a Assembleia Nacional francesa institui o Tribunato, uma câmara consultiva composta por cem membros escolhidos pelo Senado. Por indicação de outro dos mais importantes teóricos políticos da história francesa, Emmanuel Joseph Sieyès, e também com a ajuda de Madame de Staël, Constant se tornaria tribuno em 1799. Durante os

---

9. Sobre o grupo de Coppet, confira artigos publicados em colóquio realizado em 1988, sob a coordenação de Lucien Jaume, intitulado *Coppet, creuset de l'esprit liberal: les ideés constitutionnelles du groupe de Madame de Staël*. Paris, Econômica, 2000.

três anos de exercício de seu mandato, o nosso autor se dedicou à defesa da introdução de mecanismos liberais na República francesa. Mas o fato é que, ainda em 1799, Napoleão Bonaparte liderou o golpe de Estado conhecido como o 18 Brumário (9 de novembro no calendário revolucionário francês). Imediatamente, a República — que pouco tempo depois se tornaria um Império — experimentou um rápido processo de centralização do poder. Nascia uma França belicosa, expansionista, altamente centralizada, um lugar pouco afeito a um político liberal crítico dos perigos autocráticos do poder de Estado. A partir de então, tanto Constant quanto o grupo de Coppet se tornariam antibonapartistas. Em 1802, Bonaparte proclamar-se-ia cônsul perpétuo, e o nosso autor perderia o seu cargo no Tribunato. Madame de Staël é exilada de Paris por Napoleão, e Constant também se afasta da cidade.

Algumas de suas obras mais importantes seriam publicadas anos mais tarde, pouco tempo antes de sua volta definitiva para Paris: *Reflexões sobre as Constituições e as garantias*,[10] de 1814, e *Princípios de política*, de 1815, que elaboram acerca daqueles que seriam os princípios universais na política, os quais, nessa qualidade, deveriam ser alcançados e preservados. Particularmente em *Princípios de política*, o nosso autor marca a sua

---

10. Benjamin Constant, *Reflexões sobre as Constituições e as garantias*. In: Célia Nunes Galvão Quirino (org.), op. cit.

diferença em relação à caracterização rousseauniana da soberania. Para Constant, a soberania não pode ser una, indivisível, suprema e inalienável. Ele continua a basear os fundamentos da autoridade e da legitimidade políticas no poder popular, mas, além de sua necessidade de ser alienada na Modernidade, a soberania precisa também possuir limites institucionais claros, o que significa que não pode ser suprema. E alguns dos mecanismos para tanto vão justamente no sentido de torná-la divisível e dupla.[11]

Com relação a esses mecanismos, a obra de Constant também é conhecida pela sua proposta original acerca de um quarto poder:[12] o poder neutro ou real, ao qual já nos reportamos no começo do texto e que foi impropriamente adotado no Império brasileiro na figura do Poder Moderador. Para Constant, se o Executivo ficaria a cargo dos ministros, isto é, a cargo da chefia do governo, o poder neutro ou real deveria ficar a cargo do chefe de Estado – seja ele um presidente em um sistema parlamentarista, por exemplo, ou um rei em uma monarquia constitucional. Esse seria um poder defensivo e imparcial, o que o diferenciaria e o colocaria acima dos demais poderes. O poder neutro seria uma espécie de Poder Judiciário dos demais poderes. Ele não age como uma autoridade

---

11. O federalismo e o bicameralismo poderiam ser exemplos de mecanismos institucionais nesse sentido.
12. Ou quinto, porque ele considerava as duas câmaras legislativas como dois poderes autônomos.

soberana sobre os cidadãos, mas somente sobre os outros poderes. Isto é, ele não atua sobre o que mais tarde Hegel chamaria de sociedade civil, mas apenas sobre o exercício da autoridade política, caso contrário, ele passaria a ter uma força quase ilimitada.

Mas o principal limite para o exercício do poder soberano (delegado) seriam os próprios direitos civis. Os direitos individuais e a atividade política dos cidadãos, que se envolvem com os assuntos da esfera pública, posicionam-se a respeito do governo, cobram-no e se mantêm vigilantes; estas são as principais garantias da limitação do poder do Estado para Constant. Como já dito, a ideia da liberdade como uma autonomia privada alheia à esfera pública é, na verdade, o caminho mais seguro para a ascensão do despotismo.

Em geral, Constant não demonstrava uma preocupação exagerada com os perigos da anarquia popular ou da tirania da maioria. Ele entendia que uma das principais características das sociedades comerciais modernas seria a busca generalizada pelo bem-estar pessoal. Na verdade, nessas condições, os cidadãos dos povos modernos estariam mais inclinados à indiferença e à negligência das atividades na arena pública do que a se imiscuírem no poder, fosse para torná-lo tirânico, fosse para torná-lo anárquico. Sobre esse ponto, Constant recorria com frequência ao exemplo britânico para provar que o direito ao sufrágio e o direito de tomar parte em debates eleitorais e políticos acirrados não eram causa de tumulto social. Ele acreditava na capacidade das sociedades comerciais modernas de resistirem à doutrinação e à violência da autoridade política.

É preciso deixar claro que, para Constant, a Revolução de 1789 foi resultado de uma crise política e social complexa, e que contou, inclusive, com a inevitabilidade, pelo menos em seu início, da insurgência popular como seu efeito colateral (e não como a sua essência, como diriam os ideólogos contrarrevolucionários). Para ele, a Revolução, numa perspectiva de longo prazo, foi uma resposta a um governo que se constituiu como despótico; e, no curto prazo, ela estava diretamente ligada a uma reação a instituições políticas corrompidas e a uma profunda crise financeira e fiscal.[13] Apenas no final de sua vida, diante dos acontecimentos que levaram à Revolução de 1830, Constant passaria a perceber a possibilidade real de um movimento popular se constituir como uma força política organizada.

Até algumas décadas atrás, o nosso autor era ainda retratado em compêndios de filosofia política como um pensador que traria a mensagem "liberal" essencial de

---

13. Constant, na verdade, entendia que a violência da Revolução não estava necessariamente ligada à forma de governo republicana (confira Biancamaria Fontana, op. cit., p. 52). Ao fim e ao cabo, ele claramente tinha uma preferência por instituições republicanas, assim como a base da sua filosofia política era a soberania popular, a abolição dos privilégios de hereditariedade e a igualdade política. Mas a sua preocupação mais recorrente era a preservação dos princípios da autoridade política limitada e da representação popular.

certo avesso às instituições públicas e como um militante do campo antitotalitário. Mais recentemente, porém, alguns desses anacronismos foram superados pela literatura e a tônica de sua caracterização mudou substancialmente, de modo que hoje ele é colocado ao lado de outros reformistas moderados que seriam a expressão verdadeiramente duradoura e construtiva do processo revolucionário.[14] Constant hoje é visto como um dos mais articulados representantes das forças que ajudaram a promover as transformações democráticas na França, mas sem fazer concessões à vocação autoritária também presente na Revolução.

Poucos autores servem melhor do que ele para exemplificar a mudança na teoria política e constitucional depois da Revolução Francesa de 1789. Ou, dito de forma mais abrangente, para exemplificar a transição do Antigo Regime para o pensamento político europeu do século XIX. É em certa medida difícil de situar Constant em relação às correntes políticas que emergiram da Revolução. Nem jacobino nem legitimista, ele partilhava de afinidades com todas as forças políticas "moderadas" do processo revolucionário e de seus desdobramentos.

Embora admirasse a estatura intelectual e algumas das premissas da teoria política de Rousseau, claramente

---

14. A esse respeito, ver também Célia Nunes Galvão Quirino. "Introdução". In: Célia Nunes Galvão Quirino (org.), op. cit.

se colocava como um firme opositor da concepção rousseauniana "todo-poderosa" da soberania e da autoridade política. E apesar de ele respeitar muito o pensamento do marquês de Condorcet, isso também não acontecia sem as suas reservas. Assim como Montesquieu, Constant partilhava da admiração pela constituição inglesa, mas não tinha um apreço particular pela monarquia e não dividia a crença de que a liberdade seria antes de mais nada uma virtude aristocrática. Ele foi o responsável por uma das denúncias mais contundentes da violência e do terror jacobinos.[15] Mas mesmo após a Restauração, em 1815, o seu compromisso com os legados da Revolução Francesa ainda era suficientemente consistente para colocá-lo na extrema-esquerda do debate parlamentar francês, e, portanto, à sua margem.[16]

Tudo somado, ao longo de sua vida e obra, um assunto que o preocupava bem mais do que os perigos do poder popular era justamente o do controle dos governantes pelos cidadãos. Afinal, tanto historicamente quanto nos desdobramentos da Revolução, a tirania quase invariavelmente se ergueu como uma dominação dos poucos

---

15. Assim como o estabelecimento de um governo democrático não pode remover as tensões da sociedade civil, de modo parecido, o colapso dos antigos valores sociais e religiosos do Antigo Regime também não resultava automaticamente em um novo mundo regido pela razão e pela tolerância. A fase do terror foi a prova de que a derrubada do despotismo pode levar a uma tirania ainda mais sangrenta e repressora do que a do Antigo Regime.
16. Sobre esse ponto, ver Biancamaria Fontana, op. cit.

sobre os muitos, e não o contrário. Em sua perspectiva, os cidadãos precisariam dispor de mecanismos de controle sobre as ações de seus representantes, que não teriam outra autoridade e legitimidade senão aquelas conferidas a eles pela vontade geral.[17] Constant parte do pressuposto de que qualquer pessoa investida de alguma autoridade tenderia naturalmente a procurar ampliar o seu poder para além dos seus limites. A classe política inevitavelmente desenvolve um espírito de corpo que a coloca à parte dos interesses dos cidadãos.

Por fim, vale fazer referência a mais um ponto que guarda afinidade com um tema que será desenvolvido no ensaio *A liberdade dos antigos comparada à dos modernos*. Trata-se da ideia de progresso e do processo de igualdade de condições, a que também já nos reportamos antes. Para o nosso autor, a humanidade estaria trilhando o caminho de um processo histórico em direção à igualdade, sobre os destroços das instituições do passado que estabeleciam, afinal, uma divisão social entre dominantes e dominados. Como herdeiro do Iluminismo que era, Constant acreditava na ideia de um progresso da humanidade. O que moveria a aventura humana na história seria justamente o desejo de alcançar a perfeição. E isso se tornaria expresso tanto no movimento em direção à derrubada de todos os privilégios que historicamente formalizavam a desigualdade

---

17. Confira Biancamaria Fontana, op. cit., p. 57.

quanto no desenvolvimento econômico, científico e intelectual das nações, cada vez mais complexas e refinadas. Naturalmente, os cidadãos de uma comunidade política moderna ainda estariam divididos por uma espécie de conflito econômico e social, mas, como sujeitos políticos, eles progressivamente passariam a ser encarados como cidadãos iguais, de mesmo status.

No último decênio de sua vida, na década de 1820, Constant continuaria a seguir o seu caminho de um liberal deslocado em meio às seguidas agitações políticas e sociais na França. Em 1822, ele é condenado a seis meses de prisão e multa por ter sido acusado de participar no chamado complô Berton contra os Bourbons. Mais tarde, participa da agitação revolucionária que culminaria na Revolução de 1830 e apoia Luís Felipe (que então reinaria na França até a Revolução seguinte, a de 1848). Mas, provavelmente, se tivesse sobrevivido aos desdobramentos de 1830, Constant não teria tardado a voltar à oposição de mais um reinado autoritário.

Em *A liberdade dos antigos comparada à dos modernos*, Constant traça uma narrativa comparando dois paradigmas de organização social diferentes que dariam ensejo a conceitos também diferentes de liberdade entre os povos antigos e os povos modernos. Para Constant, os indivíduos modernos valorizam antes a liberdade privada do que a liberdade pública. A modernidade teria tornado os homens mais interessados nos prazeres da vida econômica do que no gosto da participação na vida pública.

Nesse sentido, então, a liberdade, para os modernos, significaria se submeter somente às leis, ter o direito de ir e vir, de pensar e opinar, de dispor da propriedade e de escolher suas crenças, seu trabalho. Além de também escolher os representantes no governo.

Mas a liberdade moderna engloba ainda o direito do cidadão de influir sobre a administração do governo, seja pela nomeação de todos ou de certos funcionários, seja por petições e reivindicações, as quais a autoridade do governo é mais ou menos obrigada a levar em consideração. Para Constant, o sistema representativo é uma descoberta dos modernos (embora existissem mecanismos representativos também na Antiguidade, como os Tribunos da Plebe ou o Senado em Roma). O fato é que, em qualquer caso, na Antiguidade, o povo exercia diretamente uma grande parte dos direitos políticos. Ele se reunia para votar leis, julgar os patrícios acusados de delito, etc. A organização social dos povos antigos não os podia fazer apreciar as vantagens da representação.

Constant sustenta que, para os antigos, a liberdade seria basicamente participar de forma direta das atividades políticas, e, ao mesmo tempo, submeter-se completamente à autoridade da sociedade, entendida como uma totalidade teleologicamente anterior ao sujeito em

Aristóteles, por exemplo.[18] Pois bem, então, para os antigos, como escreve Constant, a liberdade consistia em exercer coletiva, mas diretamente, as várias partes da soberania inteira, em deliberar em praça pública sobre a guerra e a paz, votar leis, pronunciar julgamentos, examinar as contas, os atos e a gestão dos magistrados.

A diferença entre a liberdade antiga e a liberdade moderna seria decorrente das diferentes formas de organização social em cada época. As repúblicas antigas eram pequenas, cada povo incomodava seus vizinhos constantemente, o que provocava conflitos e ocasionava um estado intermitente de guerras. Nesse contexto, os homens eram praticamente impelidos para a vida pública, porque as questões relacionadas à guerra os obrigavam a exercer atividades políticas.

O tamanho reduzido das repúblicas também permitia uma influência maior de cada um nas decisões do governo. Assim se desenvolvia um gosto maior pelas atividades políticas, porque havia um reconhecimento proporcionalmente bem maior das contribuições pessoais, mais visíveis e destacadas nesse contexto. Na Antiguidade também os cidadãos tinham mais tempo para o exercício

---

18. Embora, genealogicamente, a sociedade só faça sentido depois de constituídos o indivíduo e outras formas de grupamentos mais simples, como a família e o clã, a comunidade política, uma vez instituída, passa a ser considerada como o fim último para cujo aperfeiçoamento se dedica o empenho humano. Ver em Aristóteles, 384-322 a.C., *A política*. Trad. Roberto Leal Ferreira. São Paulo, Martins Fontes, 2006.

das funções públicas, já que possuíam escravos e não precisavam assim se dedicar às atividades mais laboriosas da reprodução da vida. Quando Constant fala em Antiguidade, claro, está pensando no grande modelo de perfeição política para aquele tempo, consubstanciado, de acordo com diferentes tradições, fosse na Democracia ateniense, fosse na República romana.

Ao contrário, na Europa moderna, o trabalho é livre. Os cidadãos precisam realizar todos os tipos de atividades produtivas. E possuem assim muito menos tempo do que os cidadãos antigos para as atividades públicas.[19] Os Estados modernos são também muito maiores e populosos. A participação direta é impossível e o reconhecimento da contribuição individual para o todo é insignificante. Além disso, o comércio passou a realizar pela paz o que antes as guerras realizavam pelo conflito.

---

19. Aqui é importante introduzir uma crítica a esse argumento de Constant por dois motivos. Primeiro que o trabalho na Europa, embora não fosse exatamente escravo, em muitos casos também dificilmente poderia ser caracterizado como "livre". E segundo que, apesar de não haver trabalho escravo na Europa naquele tempo, toda a economia europeia sustentava o seu desenvolvimento sobre o modo de produção escravista-mercantil que dominava suas colônias e ex-colônias na América. Sobre o modo de produção escravista-mercantil, confira Iraci Del Nero da Costa e Julio Manuel Pires, "O capital escravista-mercantil: caracterização teórica e causas históricas de sua superação". *Estudos Avançados*, São Paulo, vol. 14, n. 38, 2000. E sobre a acumulação primitiva de capital na Europa com base na exploração das empresas coloniais na América, confira Fernando Novais, *Portugal e Brasil na crise do antigo sistema colonial (1777-1808)*. São Paulo, Hucitec, 1983.

O negócio, os acordos econômicos, a produtividade, a sagacidade comercial são a nova base para o desenvolvimento das cidades e dos países. Diz o nosso autor em passagem do ensaio a seguir:

> A guerra é anterior ao comércio; pois ambos não são senão dois modos diferentes de se atingir um mesmo objetivo: o de possuir aquilo que se deseja. O comércio não é mais do que uma homenagem prestada à força do possuidor pelo aspirante à posse. É uma tentativa para obter, de forma mutualmente acordada, aquilo que não se espera mais conquistar por meio da violência. Um homem que fosse sempre o mais forte jamais teria a ideia do comércio. É a experiência que, provando-lhe que a guerra — isto é, o emprego de sua força contra a força de outrem — o expõe a diversas resistências e a diversos fracassos, o conduz a recorrer ao comércio, quer dizer, a um meio mais suave e mais certo de engajar o interesse de outrem em consentir àquilo que convém ao próprio interesse. A guerra é o impulso, o comércio é o cálculo. Mas, exatamente por isso, deve vir uma época na qual o comércio substitua a guerra. Nós chegamos em tal período.

Na medida em que substitui a guerra, o comércio leva a um desenvolvimento e a um refinamento dos costumes. Mais do que isso, o comércio, sendo mais efetivo do que a guerra para a riqueza das nações, também permite que a Modernidade acabe com a escravidão, possibilitando criar as bases para a compreensão de que a dominação e o jugo não só político, mas também social, são reprováveis: "Enfim, graças ao comércio, à religião, aos progressos intelectuais e morais da espécie humana, não há mais escravos nas nações europeias. Homens livres devem exercer todas as profissões, prover a todas as necessidades da sociedade".

Talvez um dos pontos mais importantes a se destacar no texto diz respeito ao fato de que, para Benjamin Constant, a liberdade deve estar de acordo com a constituição social de cada tempo. Para os antigos, a liberdade consistia "em exercer coletiva, mas diretamente, diversas partes da soberania como um todo". Como já ressaltado, eles participavam da elaboração das leis, dos tratados com outras cidades, avaliavam atos dos magistrados, etc. Mas a contrapartida dessa atuação direta na política era uma submissão completa do indivíduo ao corpo social. Todas as ações privadas estavam sujeitas ao severo controle da comunidade. Assim, o sujeito antigo, quase sempre soberano nas questões públicas, seria um escravo em todos os assuntos privados. Como cidadão, ele chega a decidir até sobre a guerra e a paz, mas como sujeito particular ele parece limitado, observado e reprimido. O sujeito pode ser privado da sua posição, despojado das suas honrarias, banido, condenado pela vontade arbitrária do todo ao qual pertence.

Possivelmente deve vir à cabeça de Constant o julgamento de Sócrates em Atenas, no qual a posição discordante do filósofo em relação aos mitos e à religião sagrados daquelas terras o levou à condenação à pena de morte. E ocorreu mesmo em uma comunidade política como Atenas, onde o domínio do todo sobre os sujeitos era até limitado para os padrões da Antiguidade, justamente porque esta era uma *pólis* voltada para o comércio e, portanto, possuía costumes mais refinados e sabia valorizar a autonomia e a liberdade privadas.

Mas o ponto é que as repúblicas antigas em geral, por serem pequenas, permitiam que houvesse uma influência real de cada indivíduo no poder coletivo e nos resultados e nas decisões da vida pública. Por isso a falta de independência da vida privada não era vista como um grande problema, porque o gosto no exercício e na influência do poder era constante e forte. Já as repúblicas modernas, muito maiores, tornam a influência individual no poder coletivo quase insignificante. O indivíduo moderno, independente na vida privada, mesmo nos Estados mais livres, só é soberano em aparência. Toda vez que ele exerce a soberania, como no direito ao voto ou na petição para controlar atos do governo, é simplesmente para depois poder abdicar dessa soberania e para proteger a verdadeira esfera onde se encontra sua liberdade mais forte e possível, a esfera particular.

O exercício das atividades políticas na Modernidade não proporciona a mesma satisfação que a experimentada pelos antigos. A realização do sujeito, a sua possibilidade de potência e reconhecimento social, se deslocou da vida pública para a vida privada. Os modernos não participam diretamente das decisões públicas. E só podem ter alguma influência no governo pela eleição de representantes. A soberania é exercida praticamente apenas no ato de votar. E, ao escolher esse representante, o sujeito abdica da sua soberania para as decisões do mundo da política.[20]

Recapitulando os três pontos essenciais então da diferença entre a organização social da Antiguidade e a organização social da Modernidade, diferença esta que dá ensejo aos diferentes sentidos de liberdade, temos: primeiro, a extensão dos Estados; segundo, a abolição da escravidão. E, em terceiro lugar, o desenvolvimento do comércio. Este não deixa intervalos de inatividade na vida do homem. O exercício contínuo dos direitos políticos e a discussão diária dos assuntos do Estado exigem a

---

20. Aqui também é importante ressaltar que esse argumento de Constant só é possível sob a ótica de uma certa concepção particular de representação. A ideia de que os representantes representam pessoas (e não ideias), ou de que os representantes guardam um elevado grau de autonomia em relação às aspirações dos representados, saiu vitoriosa na história social e na história do pensamento político, mas é aqui naturalizada por Constant. Em outras palavras, a representação de que fala o autor é a do mandato representativo livre, e não a do mandato imperativo, que vigorou por breves momentos na história (especialmente no curso das revoluções), até ser definitivamente descartada. Sobre os modelos de representação e sua evolução na história, confira Hanna Fenichel Pitkin, *The concept of representation*, Berkeley, Los Angeles, London, University of California Press, 1972, e Bernard Manin, *The principles of representative government*. Cambridge University Press, 1997.

liberação do negócio. Além disso, o comércio inspira nos homens um forte amor pela independência individual.

Para Constant, Atenas, o maior exemplo de cidade-Estado comerciante na Antiguidade, tinha um certo apreço pela liberdade individual. Mas como havia ali escravidão e o território era muito limitado, preponderava a liberdade típica dos antigos. O povo fazia as leis, examinava a conduta dos magistrados, intimava até um ilustre estadista como Péricles a prestar contas e podia até mesmo condenar generais à morte. Mas a figura do ostracismo daqueles considerados como indignos da vida comunitária e das tradições atenienses ou mesmo a condenação de Sócrates à morte seriam provas de que o indivíduo era afinal subordinado à supremacia do corpo social em Atenas.

Para o nosso autor, a liberdade, na Modernidade, consiste basicamente na liberdade individual, resumida essencialmente nos direitos de voto, de expressão, de opção religiosa, etc. A nossa liberdade está principalmente no exercício pacífico da independência privada. A representação política, além de proporcionar a promoção dos melhores dentre os homens para liderar o poder político, também liberaria os cidadãos para o verdadeiro exercício da liberdade em sua qualidade fundamentalmente moderna. Longe de ser um mal necessário, a representação oferece esta dupla vantagem: é um bom mecanismo para a busca do bem comum e do bom governo. E, além disso, é por meio dela que o homem pode ser efetivamente livre.

O objetivo dos antigos era a partilha do poder social entre todos os cidadãos de uma mesma pátria. Era isso o que eles chamavam de liberdade. O objetivo dos modernos é a segurança nos prazeres privados; e eles chamam liberdade as garantias concedidas pelas instituições a tais prazeres.

A confusão entre esses dois tipos de liberdade foi para Constant a causa de muitos males. Na França revolucionária, especialmente os jacobinos tentaram forçar a nação a desfrutar de uma liberdade que não pode se constituir na Modernidade senão como uma tirania de uma parte da população sobre os demais. Afinal, não é possível que todos efetivamente participem do governo. No curso da Revolução Francesa, nos momentos em que os mais radicais tentaram restabelecer a liberdade dos antigos, as liberdades civis foram cerceadas, o que levou ao período do terror.

Rousseau e o abade de Mably confundiam, segundo Constant, a liberdade com a autoridade do corpo social, por isso as suas teses contribuíram para a constituição de governos autoritários. Quanto a Rousseau, este tentou transportar para os tempos modernos um volume de poder social e de soberania coletiva que pertencia a outros séculos. Ele teria fornecido assim pretextos desastrosos para mais de um tipo de tirania. Um de seus sucessores, o abade de Mably, levou esse problema ainda mais adiante. Ele substituiu a liberdade mesmo pela proeminência total do corpo social. Para ele, todos os meios possíveis de se ampliar esse poder social deveriam ser buscados. De modo que até o pensamento, e não só a ação, fosse moldado pelo poder político. Os homens que foram levados pela onda dos acontecimentos a liderar por um momento a Revolução na França estavam imbuídos dessas opiniões antiquadas, como a metafísica de Rousseau ou o descalabro completo de Mably. Mas, na verdade, para Constant, a independência individual é a primeira das necessidades modernas.

O nosso autor também se reporta, ainda que muito brevemente, à influência do desenvolvimento do comércio e do acúmulo de capital na política. Para ele, o comércio dá à propriedade uma nova qualidade: a circulação. Esta, por sua vez, age como uma espécie de proteção invisível e invencível do poder social sobre os seus bens móveis, dificultando a atuação do poder do Estado sobre eles. Além disso, com o acúmulo de capital, o comércio possibilita que a iniciativa privada se torne credora do poder público, tornando-o dependente dela. O dinheiro, nos termos do nosso autor, seria o freio mais poderoso do despotismo. Entre os antigos, os governos eram mais fortes do que os particulares. Já entre os modernos, são os particulares (ou pelo menos uma classe deles) que se tornam mais fortes do que o governo. Como consequência disso, a existência individual é menos abarcada pelo poder político.

Mas ao final do ensaio Constant faz um alerta para os leitores desatentos: a liberdade política não perde a sua importância na Modernidade. É preciso preservar a liberdade política, manter a vigilância e o controle sobre os governantes, justamente para garantir a sobrevida e a vivacidade da liberdade civil. Se, na Antiguidade, a principal atividade dos cidadãos era o exercício de funções públicas, na Modernidade, a atividade política tem como objetivo proteger a independência individual e o exercício de atividades privadas. Por isso, se os homens descuidarem demais da política, se se preocuparem somente com as atividades privadas e os prazeres que ela proporciona, essa renúncia dos direitos políticos poderá colocar em risco a própria liberdade individual e os interesses particulares. Assim, é preciso combinar os direitos políticos com os civis de modo que o governo proteja o exercício das atividades e dos interesses privados.

A representação traz justamente a vantagem de conciliar a liberdade política com a liberdade individual: "O sistema representativo é uma procuração dada a um certo número de homens pela massa do povo que quer que seus interesses sejam defendidos e que, entretanto, não tem tempo de defendê-los por sua própria parte". Mas ele não é um mero substituto, uma delegação por completo da liberdade política do indivíduo, um cheque em branco que o cidadão dá a seus representantes para poder se alienar da vida pública e se dedicar apenas aos seus interesses particulares. Por isso, nas últimas páginas do seu ensaio, recuperando um argumento tradicional de precursores do liberalismo (pelo menos desde autores como John Locke), Constant reforça a ideia de que é preciso que os povos modernos mantenham uma vigilância ativa sobre seus representantes. E que se reservem o direito também de afastá-los, caso eles traiam as suas promessas.

Pois há um perigo de que se renuncie demais ao direito de participar do poder político, e isso pode ser prejudicial para a própria liberdade moderna. É por isso que é preciso saber continuar a valorizar a liberdade política mesmo na Modernidade. Ela é, nas palavras de Constant, o mais poderoso e enérgico modo de aperfeiçoamento que o céu teria concedido aos homens. Ela engrandece o espírito e enobrece os pensamentos. Eis que, na Modernidade, embora a liberdade individual seja prevalente, é preciso saber combinar as duas espécies de liberdade.

Com esta nova edição deste clássico do pensamento político, o leitor de Constant conta com uma cuidadosa tradução do seu famoso discurso proferido no Ateneu Real de Paris. Comparada a outras traduções deste texto, esta que o leitor tem em mãos procura redimir melhor a linguagem mais erudita de Constant sem perder a fluidez de um texto que foi preparado para ser lido. Nesse sentido, alguns vocábulos e maneirismos de linguagem antigos se fazem presentes, mas sempre preservando o tom direto e fluido que o registro oral francês possui. Por isso, esta nova versão em português conta com um texto basicamente contemporâneo, mas com alguns indícios novecentistas. Ainda com relação a outras traduções em língua portuguesa, esta que o leitor tem em mãos aproveita o texto original integralmente, evitando um expediente que era comum a algumas traduções, especialmente as mais antigas, de suprimir alguns trechos mais complicados do original, especialmente aqueles sem correspondências diretas com o vernáculo pátrio.

Christian Jecov Schallenmüller

A LIBERDADE DOS ANTIGOS COMPARADA À DOS MODERNOS

Discurso pronunciado no Ateneu[1] Real de Paris em 1819

Senhores,

Proponho-me a submeter-vos algumas distinções, ainda bastante novas, entre dois gêneros de liberdade, cujas diferenças permaneceram até o momento despercebidas, ou, ao menos, pouco notadas. Uma é a liberdade cujo exercício era deveras caro aos povos antigos. A outra é aquela cuja fruição é particularmente preciosa às nações modernas. Esta pesquisa será interessante — se não estou equivocado — sob um duplo aspecto.

Primeiramente, a confusão entre essas duas espécies de liberdade foi entre nós — durante épocas demasiadamente célebres de nossa revolução — a causa de muitos

---

1. No original: *L'Athénée*. O Ateneu se tratava de uma instituição de ensino herdeira do Liceu (*Lycée*) republicano. Constant chegou a palestrar mais de um curso nessa entidade de ensino destinada ao grande público. (N. T.)

males. A França se viu fatigada por experiências inúteis cujos autores, irritados pelo pouco sucesso que tiveram, tentaram forçá-la a desfrutar de um bem que ela não desejava, e fizeram querela sobre o bem que ela queria.

Em segundo lugar, invitados por nossa feliz Revolução (chamo-a de feliz, malgrado seus excessos, pois fixo meu olhar sobre seus resultados) a fruir dos benefícios de um governo representativo, é curioso e útil refletir por que esse governo, o único sob o qual poderíamos hoje encontrar alguma liberdade e algum abrigo, foi quase que inteiramente desconhecido às nações livres da Antiguidade.

Estou ciente de que pretenderam distinguir, desse governo, traços similares com alguns povos antigos, na República da Lacedemônia[2] — por exemplo, e entre nossos ancestrais, os gauleses —; mas trata-se de um erro.

O governo da Lacedemônia era uma aristocracia monárquica, e em absoluto tratava-se de um governo representativo. O poder dos reis era limitado, mas o era pelos éforos[3] e não por homens investidos de missão semelhante àquela que a eleição confere, em nossos dias, aos defensores de nossas liberdades. Os éforos, sem dúvida, após terem sido instituídos pelos reis, passaram a ser nomeados pelo povo. Mas eram apenas cinco. Sua

---

2. Lacedemônia é outro nome para a pólis grega de Esparta. (N. T.)
3. Os éforos eram cinco magistrados que dividiam o poder com o rei de Esparta. Detentores de grande influência no poder público, eram eleitos anualmente. (N. T.)

autoridade era religiosa tanto quanto política. Eles tomavam parte na própria administração do governo, quer dizer, no poder executivo. Por conta disso, sua prerrogativa, como aquela de quase todos os magistrados populares nas antigas repúblicas, longe de ser simplesmente uma barreira contra a tirania, às vezes tornava-se, ela própria, uma tirania insuportável.

O regime dos gauleses — que se assemelhava deveras àquele que um certo partido gostaria de nos restituir — era ao mesmo tempo teocrático e bélico. Os sacerdotes gozavam de um poder sem limites. A classe militar, ou a nobreza, possuía privilégios demasiados insolentes e opressivos. O povo era destituído de direitos e garantias.

Em Roma, os tribunos tinham, até certo ponto, uma missão representativa. Eles eram as vozes dos plebeus que a oligarquia — que em todos os séculos é a mesma — havia submetido, derrubando os reis, a uma escravidão deveras dura. Não obstante, o povo exercia diretamente uma grande parte dos direitos políticos. Reunia-se em assembleia para votar as leis e para julgar os patrícios submetidos a acusações: portanto, havia apenas fracos vestígios do sistema representativo em Roma.

Esse sistema é uma descoberta dos modernos, e vós vereis, senhores, que a condição da espécie humana na Antiguidade não permitia a uma instituição dessa natureza representativa ali introduzir-se ou estabelecer-se. Os povos antigos não podiam sentir a necessidade desse sistema, tampouco apreciar suas vantagens. Sua organização social conduzia-os a desejar uma liberdade em tudo diferente desta que esse sistema nos assegura.

É para demonstrar-vos essa verdade que a leitura desta noite será consagrada.

Inicialmente perguntai-vos, senhores, o que é que em nossos dias um inglês, um francês ou um habitante dos Estados Unidos da América entendem pela palavra liberdade?

É para cada um o direito de não estar submetido senão às leis, de não poder ser preso, nem detido, nem condenado à morte, nem ser maltratado de alguma maneira pelo efeito da vontade arbitrária de um ou de diversos indivíduos. É para cada um o direito de expressar sua opinião, de escolher sua ocupação e exercê-la, de dispor de sua propriedade e até mesmo de dela abusar, de ir e vir sem para isso ter que obter permissão, dar conta de seus motivos ou de seus passos. É para cada um o direito de reunir-se com outros indivíduos, seja para discutir sobre seus interesses, seja para professar o culto que ele e seus associados preferiram, seja, simplesmente, para preencher seus dias e horas de uma maneira mais conforme às suas inclinações, às suas fantasias. Enfim, é o direito, para cada um, de ter influência na administração do governo, seja pela nomeação de todos ou de certos funcionários, seja por meio de representações, de petições e de demandas que a autoridade é mais ou menos obrigada a levar em consideração. Comparai, agora, a esta liberdade aquela dos antigos.

Esta última consistia em exercer coletiva, mas diretamente, diversas partes da soberania como um todo, em deliberar, na praça pública, sobre a guerra e sobre a paz, em concluir com os estrangeiros os tratados de aliança, em votar as leis, em pronunciar os julgamentos, em examinar as contas, os atos e a gestão dos magistrados, em fazê-los comparecer diante de todo um povo, em submetê-los à acusação, em condená-los ou absolvê-los. Mas, ao mesmo tempo que era isso o que os antigos chamavam de liberdade, eles admitiam, como compatível com essa liberdade coletiva, a sujeição completa do indivíduo à autoridade do todo.[4] Não encontrareis entre eles quase nenhuma das satisfações que acabamos de ver fazerem parte da liberdade entre os modernos. Todas as ações privadas são submetidas a uma supervisão severa. Nada é concedido à independência individual, nem o que é tocante às opiniões, nem o que o é às ocupações, nem, sobretudo, o que concerne à religião. A faculdade de escolher o próprio culto — faculdade que consideramos como um de nossos mais preciosos direitos — teria

---

4. Essas definições de soberania e liberdade se referem, sobretudo, àquelas elaboradas por Rousseau em *Do Contrato Social*. De fato, as ideias do autor genebrino influenciaram sobremaneira os revolucionários franceses (que as leram sob as mais diversas interpretações), de modo que alguns atribuíram a elas a causa de muitos dos excessos da Revolução. Mais à frente, Constant passará a criticar explicitamente o escritor iluminista, sempre com essa tese de que o exercício direto da soberania, nos tempos modernos, trata-se de um anacronismo. (N. T.)

parecido aos antigos um crime e um sacrilégio. Nas coisas que nos parecem as mais fúteis, a autoridade do corpo social se interpõe e obstrui a vontade dos indivíduos. Terpandro[5] não pôde, entre os espartanos, acrescentar mais uma corda a sua lira sem que os éforos se ofendessem. Até nas mais domésticas relações, a autoridade também intervém; o jovem lacedemônio não podia visitar livremente sua jovem esposa. Em Roma, os censores mantinham um olho perscrutador no interior das famílias. As leis regulamentavam os costumes, e uma vez que os costumes dizem respeito a tudo, não havia nada que não fosse regido pelas leis.

Assim, entre os antigos, o indivíduo, soberano quase que habitualmente nos negócios públicos, é escravo em todas as suas relações privadas. Como cidadão ele decide sobre a paz e a guerra; como particular ele é circunscrito, observado, reprimido em todos os seus movimentos. Como porção do corpo coletivo, ele interroga, destitui, condena, expropria, exila, cunha de morte seus magistrados ou seus superiores; como submetido ao corpo coletivo, ele pode, por sua vez, ser privado de sua situação, destituído de suas dignidades, banido e condenado à morte pela vontade arbitrária do conjunto do qual faz

---

5. Terpandro foi um poeta e músico grego nascido em Lesbos que viveu, provavelmente, no século VII a.C. Constant se refere, aqui, a um episódio anedótico em que, por determinação dos éforos, o aedo teve de pagar uma multa pelo fato de ter acrescentado cordas em sua lira. (N. T.)

parte. Entre os modernos, ao contrário, o indivíduo, independente na vida privada, não é — nem mesmo nos Estados mais livres — soberano senão em aparência. Sua soberania é restrita e quase sempre suspensa. E se, em épocas pontuais, mas raras, durante as quais ainda é cercado de precauções e entraves, ele exerce essa soberania, não o faz senão para dela abdicar.

Eu devo aqui, senhores, interromper-me por um instante para prevenir uma objeção que me poderiam fazer. Há na Antiguidade uma república onde a submissão da existência individual ao corpo coletivo não é tão completa quanto a que acabo de descrever. Essa república é a mais célebre de todas; já imaginai que pretendo me referir a Atenas. Retornarei a ela mais tarde, e, admitindo a verdade do fato, expor-vos-ei a causa. Nós veremos por que, dentre todos os Estados antigos, Atenas é aquele que mais se assemelhou aos modernos. Por outro lado, em toda parte a jurisdição social era limitada. Os antigos, como afirma Condorcet, não tinham nenhuma noção dos direitos individuais. Os homens não eram, por assim dizer, senão mecanismos dos quais as leis se utilizavam para reger os movimentos das molas e dirigir as engrenagens. A mesma submissão caracterizava os belos séculos da República romana; o indivíduo estava, de alguma maneira, imiscuído na nação, e o cidadão o estava na cidade.

Iremos, agora, retornar à fonte dessa diferença essencial entre os antigos e nós.

Todas as repúblicas antigas eram encerradas em limites estreitos. A mais populosa, a mais poderosa, a mais considerável entre elas não se igualava em extensão ao menor dos Estados modernos. Como uma consequência inevitável de sua pequenez, o espírito dessas repúblicas era beligerante. Cada povo comprimia continuamente seus vizinhos ou por eles era esmagado. Empurrados, assim, pela necessidade, uns contra os outros, combatiam-se e ameaçavam-se sem cessar. Aqueles que não desejavam ser conquistadores não podiam depor as armas sob o risco de tornarem-se conquistados. Todos compravam a sua segurança, sua independência, sua existência inteira, ao preço da guerra. Ela era o interesse constante, a ocupação quase que habitual dos Estados livres da Antiguidade. Finalmente, e pelo resultado necessário dessa maneira de ser, todos esses Estados possuíam escravos. Os ofícios mecânicos e mesmo, em algumas nações, os ofícios industriais eram confiados a mãos postas em grilhões.

O mundo moderno nos oferece um espetáculo completamente oposto. Os menores Estados de nossos dias são incomparavelmente mais vastos do que Esparta ou do que Roma o foram durante cinco séculos.[6] A própria

---

6. Certamente, aqui Constant se refere ao período republicano romano, quando o Estado se resumia às comunidades nas cercanias da cidade de Roma. Essa situação durou muitos séculos antes da constituição do vasto império que abrangeria, praticamente, um quarto do mundo conhecido. (N. T.)

divisão da Europa em vários Estados é, graças ao progresso das luzes, mais aparente do que real. Enquanto cada povo, outrora, formava uma família isolada — inimiga nata das outras famílias —, hoje existe uma massa de homens sob diferentes nomes e sob diversos modos de organização social, não obstante, homogênea em sua natureza. Tal massa é suficientemente forte para não ter nenhum motivo para temer as hordas bárbaras. Ela é suficientemente esclarecida para que a guerra lhe seja um fardo; sua tendência uniforme direciona-se à paz.

Essa diferença conduz a uma outra. A guerra é anterior ao comércio; pois ambos não são senão dois modos diferentes de se atingir um mesmo objetivo: o de possuir aquilo que se deseja. O comércio não é mais do que uma homenagem prestada à força do possuidor pelo aspirante à posse. É uma tentativa para se obter, de forma mutualmente acordada, aquilo que não se espera mais conquistar pela violência. Um homem que fosse sempre o mais forte jamais teria a ideia do comércio. É a experiência que, provando-lhe que a guerra — isto é, o emprego de sua força contra a força de outrem — o expõe a diversas resistências e a diversos fracassos, o conduz a recorrer ao comércio, quer dizer, a um meio mais suave e mais certo de engajar o interesse de outrem em consentir àquilo que convém ao próprio interesse. A guerra é o impulso, o comércio é o cálculo. Mas, exatamente por isso, deve vir uma época na qual o comércio substitua a guerra. Nós chegamos em tal período.

Não pretendo dizer que não tenha havido povos comerciantes entre os antigos. Mas, de certa forma, esses povos são exceção à regra geral. As limitações de uma leitura não me permitem indicar-vos todos os obstáculos que se opunham, nessa época, ao progresso do comércio; aliás, vós os conheceis tão bem quanto eu. Relatarei apenas um; a ignorância da bússola forçava os marinheiros da Antiguidade a não perderem de vista as costas, senão o mínimo possível. Atravessar as Colunas de Hércules, isto é, passar pelo Estreito de Gibraltar, era considerado como a mais ousada das empreitadas. Os fenícios e os cartagineses, os mais hábeis navegantes, não ousaram fazê-lo senão muito tardiamente, e seu exemplo permaneceu por muito tempo sem ser imitado.[7] Em Atenas — sobre a qual falaremos em breve — o juro marítimo era de cerca de 60%, o juro ordinário não era mais do que 12%, tanto que a ideia de uma navegação distante implicava a de perigo.

Além do mais, se eu pudesse entregar-me a uma digressão — que, infelizmente, seria demasiada longa —,

---

7. De fato, poucos povos mediterrâneos da Antiguidade ousaram ultrapassar o Estreito de Gibraltar (formado pelas pontas terrestres de Espanha e Marrocos, que marca o limite entre o Mediterrâneo e o Oceano Atlântico). Os famosos navegantes fenícios realizaram tal feito; partindo de sua terra natal na costa oriental do Mediterrâneo (principalmente nos atuais Líbano e Síria), foram os primeiros navegantes a passar pela costa ocidental da África. Ainda é digno de nota que a colônia fenícia mais eminente seria Cartago, a futura grande rival de Roma pelo controle do Mar Mediterrâneo. (N. T.)

demonstrar-vos-ia, senhores, pelo detalhe dos costumes, dos hábitos, do modo de negociar dos povos comerciantes da Antiguidade com os outros povos, que seu próprio comércio era, por assim dizer, impregnado do espírito da época, da atmosfera de guerra e de hostilidade que os envolvia. O comércio era então um acidente feliz. Hoje, trata-se do estado ordinário, do fim único, da tendência universal, da vida verdadeira das nações. Estas desejam o repouso; com o repouso, a comodidade; e como fonte da comodidade, a indústria. A guerra é, a cada dia, um meio menos eficaz de preencher seus desejos.[8] Suas oportunidades não oferecem mais, nem aos indivíduos nem às nações, benefícios que igualem os resultados do trabalho pacífico e as trocas regulares. Entre os antigos, uma guerra feliz acrescentava escravos, tributos e terras repartidos à riqueza pública e particular. Entre os modernos, uma guerra feliz custa, infalivelmente, mais do que ela jamais vale.

Enfim, graças ao comércio, à religião, aos progressos intelectuais e morais da espécie humana, não há mais escravos nas nações europeias. Homens livres devem exercer todas as profissões, prover a todas as necessidades da sociedade.

---

8. Apesar de no original constar "La guerre est chaque jour um moyen plus efficace [...]" (A guerra é, a cada dia, um meio mais eficaz [...]), essa formulação está em claro desacordo com o sentido que o autor desejava defender. Talvez o termo *plus* no lugar de *moins* trate-se, tão somente, de um erro de edição. (N. T.)

Prevemos facilmente, senhores, o resultado necessário dessas diferenças.

Primeiramente, a extensão de um país diminui em demasia a importância política que concerne, distributivamente, a cada indivíduo. O republicano mais obscuro de Roma ou de Esparta era uma potência. Mas já não ocorre o mesmo com o simples cidadão da Grã-Bretanha ou dos Estados Unidos. Sua influência pessoal é um elemento imperceptível da vontade social que imprime ao governo sua direção.

Em segundo lugar, a abolição da escravidão destituiu da população livre todo o ócio que resultava do fato de a maioria dos trabalhos estarem encarregados aos escravos. Sem a população escravizada de Atenas, 20 mil atenienses não teriam podido deliberar cotidianamente sobre a praça pública.

Em terceiro lugar, o comércio não deixa, como a guerra o faz, na vida do homem, intervalos de inatividade. O exercício contínuo dos direitos políticos, a discussão diária sobre os negócios do Estado, os debates, os concílios, todo o cortejo e movimento das facções, as agitações necessárias e os enchimentos obrigatórios — se ouso empregar esse termo — na vida dos povos livres da Antiguidade, que teriam se enfadado, sem esse recurso, sob o peso de uma inatividade dolorosa, não ofereceriam senão incômodo e fadiga às nações modernas, nas quais cada indivíduo, ocupado de suas especulações, seus empreendimentos, das benesses que ele obtém ou espera, quer ser de tudo isso desviado apenas momentaneamente, ou o mínimo possível.

Enfim, o comércio inspira nos homens um vívido amor pela independência individual. O comércio provém às suas necessidades, satisfaz seus desejos sem a intervenção da autoridade. Essa intervenção é, quase sempre — e não sei por que eu digo quase —, essa intervenção é sempre um transtorno e um estorvo. Todas as vezes em que o poder coletivo deseja imiscuir-se nas especulações particulares, ele vexa os especuladores. Todas as vezes em que os governos pretendem realizar nossos negócios, eles o fazem pior e mais dispendiosamente do que nós.

Havia-vos dito, senhores, que vos falaria de Atenas, com a qual poderiam opor o exemplo de algumas de minhas asserções, e da qual o exemplo, ao contrário, vai confirmá-las todas.

Atenas, como eu já havia reconhecido, era dentre todas as repúblicas gregas a mais comerciante, além do que ela fornecia aos seus cidadãos muito mais liberdade individual do que Roma ou Esparta. Se pudesse adentrar em detalhes históricos, eu vos faria ver que o comércio fizera desaparecer entre os atenienses muitas das diferenças que distinguem os povos antigos dos povos modernos. O espírito dos comerciantes de Atenas era semelhante ao espírito dos comerciantes de nossos dias. Xenofonte nos informa que, durante a Guerra do Peloponeso, eles tiravam seus capitais do continente da Ática e os enviavam para as ilhas do arquipélago. O comércio criara entre eles a circulação. Percebemos em Isócrates traços do uso de letras de câmbio. Observai, também, o quanto seus costumes se assemelhavam aos nossos. Em seus relacionamentos com as esposas, vereis (ainda cito Xenofonte) os cônjuges, satisfeitos quando a paz e uma amizade discreta reinam no interior dos lares, levarem em consideração a esposa demasiadamente fragilizada pela tirania da natureza, fecharem os olhos para o irresistível poder das paixões, perdoarem a primeira fraqueza e esquecerem a segunda. Em suas relações com os estrangeiros, vê-los-emos concederem os direitos de cidadão a qualquer um que, mudando-se para junto deles com sua família, estabeleça um ofício ou uma fábrica; enfim, seremos surpreendidos por seu excessivo amor pela independência individual. Na Lacedemônia, diz um filósofo,[9] os cidadãos compareçam tão logo um magistrado os convoque, mas um ateniense ficaria desesperado caso acreditasse que fosse dependente de um.

Entretanto, uma vez que muitas outras circunstâncias que caracterizavam as nações antigas existiam também em Atenas — como a existência de uma população escrava, o fato de os territórios serem demasiadamente comprimidos —, encontramos nessa cidade vestígios próprios da liberdade dos antigos. O povo faz as leis,

---

9. Provavelmente, a referência ainda é Xenofonte (séculos v-iv a.C.), notável discípulo de Sócrates. (N. T.)

examina a conduta dos magistrados, intima Péricles a prestar contas, condena à morte todos os generais que haviam comandado no combate das Arginusas.[10] Ao mesmo tempo, o ostracismo, arbitrário legal e apreciado por todos os legisladores da época, o ostracismo, que nos parece, e deve parecer-nos, uma revoltante iniquidade,[11] prova que o indivíduo ainda era deveras submetido à supremacia do corpo social em Atenas, numa medida que não o é em nossos dias em nenhum Estado social livre da Europa.

Resulta, disso que acabo de expor, que nós não podemos mais gozar da liberdade dos antigos, que era composta pela participação ativa e constante no poder coletivo. De nosso lado, nossa liberdade deve ser composta

---

10. A infame Batalha Naval das Arginusas: durante a Guerra do Peloponeso (cujas principais potências rivais eram Atenas e Esparta), houve uma batalha naval na qual os atenienses saíram vencedores. No entanto, um número demasiadamente alto de jovens soldados atenienses pereceu no mar. Por conta disso, seis dos oito generais atenienses que participaram da batalha foram acusados de não resgatar esses soldados por negligência, deixando-os entregues à morte por afogamento. Após um polêmico julgamento, muito influenciado pela ação de eloquentes oradores, a Assembleia de Atenas decidiu condenar tais generais à morte. Esse evento foi citado por alguns filósofos — dentre eles, o próprio Xenofonte — como um exemplo dos excessos e males aos quais o regime democrático está sujeito. (N. T.)
11. O ostracismo era uma punição ateniense que consistia no banimento, e consequente isolamento, de algum cidadão que supostamente atentara contra a liberdade da pólis. O exílio durava dez anos. Apesar de ter sido criada para evitar a tirania, essa prática foi frequentemente utilizada com fins políticos, quando detentores do poder queriam afastar rivais da vida pública. (N. T.)

pelo gozo tranquilo da independência privada. A parte que, na Antiguidade, cada um tomava na soberania nacional, não era em absoluto, como em nossos dias, uma suposição abstrata. A vontade de cada um possuía uma influência real; o exercício de tal vontade era um prazer vívido e repetido. Consequentemente, os antigos estavam dispostos a fazer muitos sacrifícios em prol da conservação de seus direitos políticos e de sua parte na administração do Estado. Cada um, sentindo com orgulho tudo aquilo que valia seu sufrágio, encontrava, nessa consciência de sua importância pessoal, uma ampla compensação.

Essa recompensa não mais existe hodiernamente para nós. Perdido na multidão, o indivíduo não percebe quase nunca a influência que exerce. Jamais sua vontade deixa sua impressão na assembleia; nada constata, a seus próprios olhos, sua cooperação. O exercício dos direitos políticos não nos oferece, portanto, senão uma pequena parte das satisfações que os antigos encontravam nele, e, ao mesmo tempo, os progressos da civilização, a tendência comercial da época e a comunicação dos povos entre si multiplicaram e variaram ao infinito os meios da felicidade particular.

Segue-se daí que devemos ser muito mais apegados do que os antigos à nossa independência individual. Pois os antigos, quando sacrificavam essa independência aos direitos políticos, sacrificavam menos para obter mais; ao passo que nós, fazendo o mesmo sacrifício, daríamos mais para obter menos.

O objetivo dos antigos era a partilha do poder social entre todos os cidadãos de uma mesma pátria. Era isso o que eles chamavam de liberdade. O objetivo dos modernos é a segurança nos prazeres privados; e eles chamam de liberdade as garantias concedidas pelas instituições a tais prazeres.

Afirmei anteriormente que, por conta de não terem percebido essas diferenças, alguns homens, aliás bem-intencionados, tinham causado infinitos males durante nossa longa e tempestuosa revolução. A Deus não agrada que eu lhes dirija críticas demasiado severas; seu próprio erro era desculpável. Não saber-se-ia ler as belas páginas da Antiguidade; não se traçam, em absoluto, as ações desses grandes homens sem sentir-se não sei qual emoção de um gênero particular, que nada do que é moderno suscita. Os velhos elementos de uma natureza anterior, por assim dizer, à nossa, parecem despertar-se em nós nessas lembranças. É dificultoso não se lamentar saudosamente desses tempos nos quais as faculdades do homem se desenvolviam em uma direção previamente traçada, mas numa trajetória tão vasta, tão potente por sua própria força, e com um tal sentimento de energia e dignidade; e tão logo se se entregue a tais saudosismos, é impossível não desejar imitar isso do qual sentimos nostalgia.

Essa impressão era profunda, sobretudo, enquanto vivíamos sob governos abusivos que, sem serem fortes, eram vexatórios, absurdos nos princípios, miseráveis nas ações. Governos que tinham por impulso a arbitrariedade, por finalidade a diminuição da espécie humana, e do qual alguns homens ainda ousam nos gabar nos dias presentes, como se pudéssemos jamais esquecer que fomos testemunhas e vítimas de sua obstinação, de sua impotência e derrocada. O objetivo de nossos reformadores foi nobre e generoso. Quem, dentre nós, não sentiu seu coração bater de esperança à entrada do caminho que eles pareciam abrir? E infortúnio daqueles que ainda hoje não sentem a necessidade de declarar que reconhecer alguns erros cometidos por nossos primeiros guias não é diminuir a sua memória nem rejeitar opiniões que os amigos da humanidade professaram de geração a geração!

Mas esses homens haviam tirado diversas de suas teorias das obras de dois filósofos que não haviam duvidado, eles próprios, das modificações acarretadas, durante 2 mil anos, nas disposições do gênero humano. Examinarei, eventualmente, o sistema do mais ilustre desses filósofos, Jean-Jacques Rousseau, e mostrarei que, transportando para nossos tempos modernos uma extensão de poder social, de soberania coletiva que pertencia a outros séculos, esse gênio sublime que animava o mais puro amor pela liberdade prestou, não obstante, funestos pretextos para mais de um gênero de tirania. Sem dúvida, assinalando o que considero um mal-entendido importante a ser evidenciado, serei circunspecto em minha refutação e respeitoso em minha censura. Certamente, evitarei juntar-me aos detratores de um grande homem. Quando o acaso faz com que, em aparência, eu me encontre em acordo com eles sobre um único ponto, eu tomo cautelas em relação a mim mesmo; e para consolar-me de parecer por um instante compartilhando de sua opinião, em uma questão única e parcial, preciso repudiar e apagar o quanto posso esses pretensos auxiliares.

Entretanto, o interesse da verdade deve prevalecer sobre as considerações que tornam tão poderoso o brilho de um talento prodigioso e a autoridade de um imenso renome. E não é, aliás, a Rousseau, como se verá adiante, que se deve principalmente atribuir o erro que irei combater: tal equívoco pertence muito mais a um de seus sucessores, menos eloquente, mas não menos austero, e mil vezes mais exagerado. Este último, o abade de Mably, pode ser visto como o representante do sistema que, conforme as máximas da liberdade antiga, quer que os cidadãos sejam completamente subjugados para que a nação seja soberana, e que o indivíduo seja escravo para que o povo seja livre.

O abade de Mably, como Rousseau e como muitos outros, havia, a partir dos antigos, tomado a autoridade do corpo social pela liberdade, e pareciam-lhe bons todos os meios para estender a ação dessa autoridade sobre esta parte recalcitrante da existência humana, da qual ele lamentava a independência. O lamento, que ele exprime por toda parte em suas obras, é que a lei não possa alcançar senão as ações. Ele teria desejado que ela atingisse os pensamentos, as impressões mais passageiras, que ela perseguisse o homem sem descanso e sem deixar-lhe um refúgio onde pudesse escapar de seu poder. Mal percebia ele que já pensava ter feito uma descoberta, entre qualquer povo uma medida vexatória, e a propunha como modelo. Ele detestava a liberdade individual como se detesta um inimigo pessoal. E assim que reconhecia na história uma nação que fosse completamente privada dela, que não possuísse nenhuma liberdade política, ele não conseguia impedir-se de admirá-la. Extasiava-se com os egípcios, pois, dizia, tudo entre eles era regido pela lei, desde as recreações até as necessidades. Tudo se dobrava sob o império do legislador; todos os momentos do cotidiano eram preenchidos por algum dever. Até mesmo o amor estava sujeito a essa intervenção respeitada, e era a lei que muitas vezes abria e fechava o leito nupcial.

Esparta, que reunia formas republicanas à mesma submissão dos indivíduos, excitava no espírito desse filósofo um entusiasmo ainda mais vívido. Esse vasto convento lhe parecia o ideal de uma perfeita república. Ele tinha por Atenas um profundo desprezo, e teria dito de bom grado dessa nação — a primeira da Grécia — o que um acadêmico aristocrata dizia da Academia Francesa: "Mas que pavoroso despotismo! Todo mundo faz aí o que bem entende". Devo acrescentar que esse aristocrata falava da Academia tal como era há trinta anos.

Montesquieu, dotado de um espírito observador, porque possuía uma mente menos fervorosa, não caiu inteiramente nos mesmos erros. Impressionou-se com as diferenças que mencionei, mas não distinguiu a verdadeira causa delas.

Os políticos gregos — diz ele — que viviam sob o governo popular não reconheciam outra força senão aquela da virtude. Os de hoje nos falam apenas de manufaturas, de comércio, de finanças, de riquezas e até de luxo.[12]

Ele atribui essa diferença à república e à monarquia; é necessário atribuí-la ao espírito oposto dos tempos antigos e dos tempos modernos. Cidadãos de repúblicas, súditos de monarquias, todos querem satisfações, e ninguém pode, no estado atual das sociedades, não o querer. O povo mais apegado à sua liberdade em nossos dias, antes da emancipação da França, era também o povo mais apegado às satisfações da vida; e se atinha à sua liberdade, sobretudo, porque via nela a garantia das satisfações que prezava. Outrora, no lugar onde havia liberdade, podiam-se suportar as privações; hoje, por toda parte onde há privação é necessária a escravidão para que nos resignemos a ela. No nosso tempo seria mais fácil transformar um povo de escravos em espartanos do que formar espartanos para a liberdade.

Os homens que se encontraram, levados pelo fluxo dos acontecimentos, à cabeça de nossa revolução eram,

---

12. Montesquieu, *O espírito das leis*, III, 3. (N. A.)

por consequência necessária da educação que haviam recebido, imbuídos das opiniões antigas e falseadas, postas em destaque pelos filósofos dos quais falei: a metafísica de Rousseau, no interior da qual apareciam repentinamente, como relâmpagos, verdades sublimes e passagens de uma eloquência arrebatadora; e a austeridade de Mably, sua intolerância, seu ódio contra todas as paixões humanas, sua avidez para subjugá-las todas, seus princípios exagerados sobre a competência da lei, a diferença entre o que ele recomendava e o que de fato existira, suas declarações contra as riquezas e mesmo contra a propriedade, todas essas coisas deviam encantar homens acalorados por uma vitória recém-conquistada, e que, conquistadores do poder legal, estavam deveras confortáveis para estender tal poder sobre todos os objetos. Era, para eles, uma autoridade preciosa a desses dois escritores que, desinteressados da questão, e pronunciando anátema contra o despotismo dos homens, haviam redigido em axiomas o texto da lei. Quiseram, pois, exercer a força pública, como aprenderam com seus guias, da mesma forma que ela havia sido outrora exercida nos Estados livres. Acreditaram que tudo ainda devia ceder diante da vontade coletiva e que todas as restrições aos direitos individuais seriam amplamente compensadas pela participação no poder social.

Sabeis, senhores, o que resultou disso. Instituições livres, apoiadas sobre o conhecimento do espírito do século, teriam podido subsistir. O edifício renovado dos antigos desmoronou-se, malgrado tantos esforços e tantos atos heroicos que merecem admiração. Ocorre que o poder social feria em todos os sentidos a independência individual sem, entretanto, destruir sua necessidade. A nação não achava, em absoluto, que uma parte ideal de uma soberania abstrata valesse os sacrifícios que lhe eram exigidos. Repetiam-lhe, em vão, junto com Rousseau: as leis da liberdade são mil vezes mais austeras do que é duro o jugo dos tiranos. Ela não queria essas leis austeras e, em sua lassitude, por vezes acreditava que o jugo dos tiranos seria preferível. A experiência veio e desiludiu-a. Ela viu que a arbitrariedade dos homens era ainda pior que as mais terríveis leis. Mas as leis, também elas, devem possuir seus limites.

Se consegui, senhores, fazer-vos compartilhar da opinião que, segundo minha convicção, esses fatos devem produzir, reconhecereis comigo a verdade dos seguintes princípios:

A independência individual é a primeira das necessidades modernas. Consequentemente, jamais deve-se exigir o seu sacrifício em prol do estabelecimento da liberdade política.

Disso, segue-se que nenhuma das instituições numerosas e demasiadamente admiradas que, nas repúblicas antigas, obstruíam a liberdade individual seja admissível nos tempos modernos.

Demonstrar essa verdade, senhores, parece inicialmente supérfluo. Diversos governos de nossos dias raramente parecem inclinados a imitar as repúblicas da Antiguidade. Entretanto, apesar do pouco gosto que tenham pelas instituições republicanas, existem alguns costumes republicanos pelos quais esses governos provam não sei ao certo que tipo de afeição. É lamentável que sejam precisamente os que permitem o banimento, o exílio, a expropriação. Recordo-me que em 1802 colocaram, em uma lei sobre os tribunais especiais, um artigo que introduzia na França o ostracismo grego, e só Deus sabe quantos eloquentes oradores, para fazer com que esse artigo fosse admitido — que, contudo, foi retirado —, falaram-nos sobre a liberdade de Atenas e de todos os sacrifícios que os indivíduos deviam fazer para conservar tal liberdade! Da mesma forma, em uma época muito mais recente, quando autoridades temerosas tentavam, de forma tímida, dirigir as eleições segundo sua vontade, um jornal — que, entretanto, não é acusado de republicanismo — propôs que se revivesse a censura romana para afastar os candidatos perigosos.

Creio, pois, não me engajar em digressão inútil se, para sustentar minha asserção, disser algumas palavras sobre essas duas instituições tão louvadas.

O ostracismo de Atenas repousava sobre a hipótese de que a sociedade tem toda a autoridade sobre seus membros. Nessa hipótese, ele podia justificar-se; e em um pequeno Estado, onde a influência de um indivíduo, firmada em seu crédito, em sua clientela, em sua glória, oscilava frequentemente o poder da massa, o ostracismo podia ter uma aparência de utilidade. Mas, entre nós, os indivíduos possuem direitos que a sociedade deve respeitar, e a influência individual é, como já o observei, de tal forma perdida numa multidão de influências, iguais ou superiores, que toda vexação, motivada pela necessidade de diminuir tal influência, é inútil e, por consequência, injusta. Ninguém tem o direito de exilar um cidadão se ele não for condenado por um tribunal regular a partir de uma lei formal que prescreva a pena de exílio à ação da qual o tal cidadão seja culpado. Ninguém tem o direito de arrancar o cidadão de sua pátria, o proprietário de suas terras, o negociante de seu comércio, o esposo de sua esposa, o pai de seus filhos, o escritor de suas meditações especulativas, o ancião de seus hábitos. Todo exílio político é um atentado político. Todo exílio sentenciado por uma assembleia por pretensos motivos de segurança pública trata-se de um crime dessa assembleia contra a segurança pública, que não está em nenhuma outra parte senão no respeito às leis, na observância das regras e na manutenção das garantias.

A censura romana supunha, como o ostracismo, um poder arbitrário. Numa república da qual todos os cidadãos, mantidos pela pobreza numa simplicidade extrema de costumes, moravam na mesma cidade, não exerciam nenhuma profissão que desviasse sua atenção dos negócios do Estado e encontravam-se assim constantemente espectadores e juízes do poder público, a censura podia, por um lado, ter influência, e, por outro, a arbitrariedade dos censores era contida por uma espécie de vigilância moral exercida contra eles. Mas tão logo a extensão da república, a complicação das relações sociais e os refinamentos da civilização eliminaram dessa instituição o que lhe servia ao mesmo tempo de base e de limite, a censura degenerou mesmo em Roma. Não fora, pois, a censura que havia criado os bons costumes; era a simplicidade dos costumes que constituía o poder e a eficácia da censura.

Na França, uma instituição tão arbitrária quanto a censura seria simultaneamente ineficaz e intolerável. No presente estado da sociedade, os costumes se compõem de nuances finas, ondulantes, intangíveis, que se desvirtuariam de mil maneiras caso se tentasse dar-lhes mais precisão. Apenas a opinião pode atingi-los; ela unicamente pode julgá-los, pois é de sua mesma natureza. Ela se levantaria contra toda autoridade positiva que quisesse conferir-lhe mais precisão. Caso o governo de um povo quisesse, como os censores de Roma, suprimir um cidadão por meio de uma decisão arbitrária, a nação inteira reclamaria contra essa sentença, deixando de ratificar as decisões da autoridade.

Isso que acabo de dizer sobre a transplantação da censura nos tempos modernos aplica-se perfeitamente a outras partes da organização social, sobre as quais nos citam ainda mais frequentemente a Antiguidade, e com muito mais ênfase. Tal é o caso da educação, por exemplo. O que nos dizem sobre a necessidade de permitir que o governo se ocupe das gerações nascentes para moldá-las a seu grado, e quais são as citações eruditas nas quais apoiam essa teoria? Os persas, os egípcios, a Gália, a Grécia e a Itália vêm sucessivamente figurar aos nossos olhares! Mas ora, nós não somos nem persas, submissos a um déspota, nem egípcios, subjugados por sacerdotes, nem gauleses, podendo ser sacrificados por seus druidas, nem, enfim, gregos e romanos, cuja parte na autoridade social consolava a submissão privada. Somos modernos que querem gozar, cada um, de nossos direitos; desenvolver, cada um, nossas faculdades como bem entendermos, sem prejudicar a outrem; assegurar o desenvolvimento dessas faculdades nas crianças que a natureza confia à nossa afeição, tanto mais esclarecida quanto mais vívida, não tendo necessidade da autoridade senão para assegurar os meios gerais de instrução que ela pode reunir; como os viajantes aceitam dela os grandes caminhos, sem por isso serem dirigidos nas estradas que desejam seguir. A religião também está exposta a essas lembranças de outros séculos. Bravos defensores da unidade da doutrina nos citam as leis dos antigos contra os deuses estrangeiros, e sustentam os direitos da Igreja Católica pelo exemplo dos atenienses, que fizeram Sócrates perecer por ter abalado o politeísmo, e do exemplo de Augusto, que queria que se permanecesse fiel ao culto de seus pais, o que fez com que, pouco tempo depois, entregassem às feras os primeiros cristãos.

Desconfiemos, senhores, dessa admiração por certas reminiscências antigas. Uma vez que vivemos nos tempos modernos, quero a liberdade conveniente aos tempos modernos; e uma vez que vivemos sob monarquias, suplico humildemente a essas monarquias que não tomem emprestado das repúblicas antigas meios de nos oprimir.

A liberdade individual, repito-o; eis aí a verdadeira liberdade moderna. A liberdade política é a garantia da primeira; por consequência, a liberdade política é indispensável. Mas exigir dos povos de nosso tempo que sacrifiquem, como os de outrora, a totalidade de sua liberdade individual em prol da liberdade política é o meio mais seguro de separá-los da primeira de modo que, tão logo isso seja feito, a segunda também não tardaria em ser-lhes arrebatada.

Vede que minhas observações não tendem de forma alguma a diminuir o valor da liberdade política. Não concluo, em absoluto, dos fatos que expus a vossos olhos, as consequências que alguns homens deles extraem. Do fato de que os antigos eram livres, e que nós não podemos mais ser como eles o foram, tais homens concluem que estamos destinados à escravidão. Eles desejariam constituir o novo estado social com um pequeno número de elementos que dizem ser os únicos apropriados à situação do mundo atual. Tais elementos se tratam de preconcepções para aterrorizar os homens, do egoísmo para corrompê-los, da frivolidade para atordoá-los, de prazeres grosseiros para degradá-los, do despotismo para conduzi-los. E, o que é deveras necessário, conhecimentos positivos e ciências exatas para servirem mais acertadamente ao despotismo. Seria bizarro que fosse esse o resultado de quarenta séculos, durante os quais o espírito humano conquistou tantos recursos morais e físicos; não posso pensar dessa forma.

De minha parte, tiro das diferenças que nos distinguem dos antigos consequências completamente opostas. Não é, em absoluto, a segurança que se deve enfraquecer, é o desfrute que precisa ser estendido. Não é, de forma alguma, à liberdade política que desejo renunciar; é a liberdade civil que reclamo junto de outras formas de liberdade política. Os governos não têm mais, assim como não o tinham outrora, o direito de arrogar-se um poder legítimo. Mas os governos que partem de uma fonte legítima têm ainda menos do que antes o direito de exercer sobre os indivíduos uma supremacia arbitrária. Possuímos ainda hoje os direitos que sempre tivemos, esses direitos eternos de consentir às leis, de deliberar sobre nossos interesses, de ser parte integrante do corpo social do qual somos membros. Mas os governos têm novos deveres. Os progressos da civilização e as mudanças operadas pelos séculos impõem à autoridade mais respeito pelos hábitos, pelos afetos e pela independência dos indivíduos. Ela deve pôr, sobre todos esses objetos, uma mão mais prudente e leve.

Essa contenção da liberdade, que se atém em seus deveres estritos, mantém-se igualmente em seus interesses bem entendidos, pois se a liberdade que convém aos modernos é diferente daquela que convinha aos antigos, o despotismo que era possível entre os antigos não o é mais entre os modernos. Do fato de que estamos frequentemente mais distraídos em relação à liberdade política do que os antigos não podiam ser, e, em nossa vida ordinária, menos apaixonados por ela, pode seguir-se que, às vezes, negligenciemos demais, e sempre indevidamente, as garantias que ela nos assegura. Mas, ao mesmo tempo, como nos apegamos muito mais à liberdade individual do que os antigos, nós a defenderemos caso seja atacada, com muito mais assertividade e persistência; e para essa defesa possuímos meios que os antigos não tinham.

O comércio torna a ação da arbitrariedade em nossa existência mais vexatória do que o era antes, pois, sendo nossas especulações mais variadas, a arbitrariedade deve multiplicar-se para alcançá-las. Mas ele também torna mais fácil esquivar-se da ação da arbitrariedade, pois muda a natureza da propriedade, que se torna, por conta dessa mudança, quase inapreensível.

Confere à propriedade uma nova qualidade: a circulação. Sem circulação, a propriedade é tão somente um usufruto, a autoridade pode sempre influir sobre o usufruto, pois ela pode subtrair sua fruição. Mas a circulação coloca um obstáculo invisível e invencível a essa ação do poder social.

Os efeitos do comércio estendem-se para ainda mais longe. Ele não apenas emancipa os indivíduos, mas também, quando cria o crédito, torna a autoridade dependente.

O dinheiro, afirma um autor francês, é a arma mais perigosa do despotismo, não obstante, é ao mesmo tempo seu freio mais poderoso. O crédito está sujeito à opinião, a força é inútil, o dinheiro se esconde ou dissipa-se, todas as operações do Estado ficam suspensas. O crédito não tinha a mesma influência entre os antigos; seus governos eram mais fortes do que os particulares; os particulares são mais fortes do que os poderes políticos de nossos dias. A riqueza tornou-se um poder mais disponível em todos os instantes, mais aplicável a todos os interesses e, consequentemente, muito mais real e mais bem obedecida. O poder ameaça, a riqueza recompensa. Escapa-se ao poder ludibriando-o; para obterem-se os favores da riqueza, é necessário servi-la, ela deve prevalecer.

Em consequência das mesmas causas, a existência individual está menos englobada na existência política. Os indivíduos transportam para longe seus tesouros, eles levam consigo todos os desfrutes da vida privada. O comércio aproximou as nações e deu-lhes costumes e hábitos quase semelhantes. Os chefes podem ser inimigos, os povos são compatriotas.

Que o poder, então, resigne-se a isso: é-nos necessária a liberdade, e tê-la-emos. Mas como a liberdade de que precisamos é diferente daquela dos antigos, é necessário para essa liberdade uma organização diferente daquela que podia convir à liberdade dos antigos. Nesta última, quanto mais o homem consagrava tempo e forças ao exercício de seus direitos políticos, mais se acreditava livre. Na espécie de liberdade à qual estamos suscetíveis, quanto mais o exercício do poder político nos deixe tempo para nossos interesses privados, mais a liberdade nos será preciosa.

Daí vem, senhores, a necessidade do sistema representativo. O sistema representativo não é outra coisa senão uma organização, com o auxílio da qual uma nação transfere para alguns indivíduos o peso daquilo que não pode ou não quer ela mesma fazer. Os indivíduos pobres cuidam de seus próprios negócios. Os homens ricos contratam intendentes. É a história das nações antigas e das nações modernas. O sistema representativo é uma procuração dada a um certo número de homens pela massa do povo que quer que seus interesses sejam defendidos e que, entretanto, não tem tempo de defendê-los por sua própria parte. Mas, conquanto que não sejam insensatos, os homens ricos que possuem intendentes examinam, com atenção e severidade, se tais intendentes cumprem seu dever, se não são negligentes, nem corruptos, nem incapazes. E, para julgar a gestão de seus mandatários, os empregadores que têm prudência colocam-se bem a par sobre os negócios os quais confiaram-lhes a administração. Da mesma forma, os povos que, com a finalidade de gozar a liberdade que lhes convém, recorrem ao sistema representativo devem exercer uma vigilância ativa e constante sobre seus representantes, e reservar para si, em certas épocas — que não sejam separadas por intervalos demasiadamente longos —, o direito de afastar tais representantes caso os tenham ludibriado para obter seus votos e revogar os poderes dos quais tenham abusado.

Daí, do fato de a liberdade moderna diferir da liberdade antiga, segue-se que ela também é ameaçada por um perigo de espécie diversa.

O perigo da liberdade antiga era que, atentos unicamente a assegurar-se de sua parte no poder social, os homens não fizessem bom negócio dos direitos e dos gozos individuais.

O perigo da liberdade moderna é que, absorvidos nos gozos de nossa independência privada, e na busca de nossos interesses particulares, renunciemos demasiado facilmente ao nosso direito de participar do poder político.

Os depositários do poder não deixam de nos exortar em relação a isso. Eles são deveras dispostos a poupar-nos de toda espécie de pena, exceto as de obedecer e pagar! Dir-nos-ão: "Qual é, no fundo, a finalidade de todos os vossos esforços, o motivo de vossos labores, o objeto de vossas esperanças? Não é a felicidade? Pois bem, essa felicidade deixai conosco, e vos dá-la-emos." Não, senhores, não deixai com eles. Por mais tocante que seja um interesse tão cordial, roguemos à autoridade para permanecer em seus limites. Que ela se limite a ser justa; nós nos encarregaremos de ser felizes.

Poderíamos o ser pelos gozos, caso esses gozos estivessem separados das garantias? Onde encontraríamos essas garantias caso renunciássemos à liberdade política? Renunciá-la, senhores, seria uma insanidade semelhante àquela de um homem que, sob o pretexto de morar apenas no primeiro andar, pretendesse erguer sobre a areia um edifício sem fundação.

Além do mais, será mesmo que a felicidade, de qualquer gênero que ela possa ser, seja o fim único da espécie humana? Nesse caso, nossa carreira seria por demais estreita, e nosso destino, bem pouco distinto. Não haveria nenhum de nós que, se quisesse diminuir-se, restringir suas faculdades morais, rebaixar seus desejos, renunciar à atividade, à glória, às emoções generosas e profundas, pudesse embrutecer-se e ser feliz. Não, atesto-o com a melhor parte de nossa natureza, essa nobre inquietação que nos persegue e nos atormenta, esse ardor por ampliar nossas luzes e desenvolver nossas faculdades: não é somente à felicidade, mas também ao aperfeiçoamento que nosso destino nos chama; e a liberdade política é o mais poderoso e mais enérgico meio de aperfeiçoamento que o Céu nos concedeu.

A liberdade política, submetendo a todos os cidadãos, sem exceção, o exame e o estudo de seus interesses mais sagrados, engrandece seu espírito, enobrece seus pensamentos, estabelece entre eles todos uma espécie de igualdade intelectual que faz a glória e o poder de um povo.

Assim, vede como uma nação engrandece com a primeira instituição que lhe devolve o exercício regular da liberdade política. Vede nossos concidadãos de todas as classes, de todas as profissões, saindo da esfera de seus trabalhos habituais e de suas indústrias privadas, encontrando-se de repente no nível de funções importantes que a instituição lhes confia, escolher com discernimento, resistir com energia, desvendar a trapaça, enfrentar a ameaça, resistir nobremente à sedução. Vede o patriotismo puro, profundo e sincero triunfando em nossas cidades e vivificando até em nossas aldeias, atravessando nossas oficinas, reanimando nossos campos, introduzindo o sentimento de nossos direitos e da necessidade de garantias no espírito justo e reto do agricultor útil e do negociante industrioso que, conhecendo a história dos males que sofreram, e não menos esclarecidos sobre os remédios que tais males exigem, abarcam com um olhar a França inteira e, doadores do reconhecimento nacional, recompensam pelos votos, há trinta anos, a fidelidade aos princípios, na pessoa do mais ilustre dos defensores da liberdade.[13]

Longe, pois, de renunciar a nenhuma das duas espécies de liberdade das quais vos falei, é necessário, demonstrei-o, aprender a combiná-las uma com a outra. As instituições, como o afirma o célebre autor da história das repúblicas da Idade Média, devem realizar o destino da espécie humana; elas alcançam tanto mais esse fim quanto mais elevam o maior número possível de cidadãos à mais alta dignidade moral.

---

13. O Senhor de La Fayette, nomeado deputado da Sarthe. (N. A.)

De forma alguma a obra do legislador está completa quando ele apenas tornou o povo tranquilo. Mesmo quando esse povo está contente, ainda resta muito a ser feito. É preciso que as instituições completem a educação moral dos cidadãos. Respeitando seus direitos individuais, poupando sua independência, não perturbando suas ocupações, elas devem, entretanto, consagrar a influência deles sobre a coisa pública, chamá-los a participar, por meio de suas determinações e seus votos, do exercício do poder, garantir-lhes um direito de controle e vigilância pela manifestação de suas opiniões e, preparando-os, dessa maneira, pela prática, para essas funções elevadas, dar-lhes ao mesmo tempo o desejo e a faculdade de cumpri-las.

Este livro foi impresso pela Paym Gráfica e Editora
em fonte Minion Pro sobre papel Holmen Vintage 70 g/m²
para a Edipro no outono de 2019.